GÜTERSLOHER
VERLAGSHAUS

Im Innern meiner Seele ist eine Kammer

Die Mystikerinnen des Mittelalters
Ein Jahreslesebuch

Herausgegeben von Roselies Taube

Gütersloher Verlagshaus

Bibliografische Information Der Deutschen Bibliothek
Die Deutsche Bibliothek verzeichnet diese Publikation
in der Deutschen Nationalbibliografie; detaillierte bibliografische
Daten sind im Internet über http://dnb.ddb.de abrufbar.

1. Auflage

Umschlaggestaltung: schwecke.mueller Werbeagentur GmbH, München
Umschlagbild: Birgitta von Schweden © akg-images
Satz: Katja Rediske, Landesbergen
Druck und Einband: CPI Moravia Books, Korneuburg
Printed in Czech Republic
ISBN-13: 978-3-579-06861-9
ISBN-10: 3-579-06861-X

www.gtvh.de

Vorwort

Fragen wir einmal Menschen danach, was ihnen spontan zum Begriff »Mittelalter« einfällt, so erhalten wir meist ein recht düsteres Bild, geprägt von Hunger, Seuchen, Krieg, Aberglauben. Vieles stimmt daran. Und doch fällt es einseitig aus. Das Mittelalter zeigt sich vielschichtiger und bunter. Das macht seine Entdeckung auch so spannend. So war eine Zeitspanne im Mittelalter, diejenige von 1150–1500, eine Epoche, in der sich Frauen profiliert zu Wort meldeten: Sie prägen Theologie und Spiritualität mit – durch ihre Schriften und durch ihren Lebensstil. Nicht nur einigen wenigen Frauen begegnen wir, sondern einer Vielzahl. Unter ihnen finden sich »Mystikerinnen«. Häufig ist darüber diskutiert worden, was unter »Mystik« zu verstehen sei. Einen ersten Hinweis gibt uns Hildegard von Bingen (1098–1179): »Glauben hat jener Mensch, der mit seiner Erkenntnis, die das innere Auge ist, das sieht, was dem äußeren Schein verborgen ist.« Hildegard fordert auf, sich nicht darauf zu beziehen, was vordergründig unser Leben bestimmen will. Hinter dieser äußeren »Fassade« verbirgt sich eine Kraft, eine Energie, eine Weisheit, die wahrgenommen sein will. Das bedarf der Konzentration. Das »innere Auge« vermag dann allmählich die göttliche Sphäre zu »sehen«, die sich einem oberflächlich geführten Dasein nicht erschließt. Manche Menschen entwickeln für diese göttliche Lebendigkeit eine besonders tiefe Aufmerksamkeit. Wir nennen sie »Mystikerinnen und Mystiker«. »Mystik« leitet sich ab vom griechischen »mystikos«:

»geheimnisvoll, verborgen«. Dieser verborgenen göttlichen Wirklichkeit spüren diese Frauen und Männer nach. Sie lassen ihr ganzes Dasein, Alltag und besondere Momente, davon bestimmen. Was sie erfahren haben, suchen sie zu thematisieren und weiterzuvermitteln. Briefe, Lyrik, theologische Schriften und Belehrungen dienen dazu.

Sehr unterschiedliche Frauen treten uns aus dem Mittelalter entgegen. Jede prägt ein eigenes Profil. Manches von dem, was diese Mystikerinnen sagen, spricht uns heute unmittelbar an. Anderes bleibt fremd: der Zeitabstand mit all den dazwischenliegenden Umwälzungen, Umorientierungen und Wandlungen reißt einen Graben zwischen damals und heute. Manchmal jedoch erschließt sich ein zunächst ungewohntes Wort, ein für uns »sperriger« Gedanke allmählich, wenn wir uns darauf einlassen.

Sechzehn Frauen begleiten in diesem Buch durch das Jahr. Die Niederländerin Hadewijch (13. Jahrhundert) und die franziskanisch geprägte Angela von Foligno (1248/49–1309) vermitteln Freundinnen bzw. einem Schüler- und Schülerinnenkreis Einsichten in den mystischen Weg. Gerade am Anfang des Jahres können sie darin bestärken, Wichtiges von Unwichtigem zu unterscheiden. Die von liturgischen Bildern geprägte Welt der Mechthild von Hackeborn (1241/42–1299), eine der Frauen aus dem Kloster zu Helfta, trägt Farbigkeit in den immer noch recht dunklen Monat Februar. Der Passionszeit verleiht Julian von Norwich (um 1343 – nach 1416) eine sehr eigene Sprache. Marguerite Porète (hingerichtet 1310) stirbt für ihre Überzeugung. Ihre Gedanken sind ihrem sehr eigenständigen und mutigen mystischen Werk entnommen. Gertrud die Große von Helfta (1256–1301/02) lässt sich für ihre einprägsamen Gottesvorstellungen vom Frühling, besonders vom Mai, inspirieren. Katharina von Siena (1347–1380) besinnt sich mit ihren meditativen Gebeten auf die spirituelle Mitte und fordert mit ihrer feurigen Sprache nachdrücklich Engagement. Im Juli liegt der Heiligentag Birgitta von Schwedens (1302/03–1373). Sie gehört wie Katharina von Siena zu den »politischen Mystikerinnen«. Immer wieder erinnern aber ihre Vergleiche auch an ihre langen Jahre als Gutsherrin. Der Sommer verschafft vielen Menschen heute die Ruhe, sich auf sich selbst zu besinnen: die Beziehung zwischen Gott und der Seele helfen die flandrische Zisterzienserin Beatrijs von Nazareth (um 1200–1268) und Katharina von Genua (1447–1510) zu bedenken. Klara von Assisi (1193/94–1253) erweitert den Gedankenkreis mit Themen wie Gemeinschaft und Lebensstil. Hildegard von Bingen (1098–1179) spricht eigentlich in jedem Monat an, in dem wir besonders auf die Natur aufmerksam werden. Sie begleitet durch den September, in dem ihr Gedenktag gefeiert wird. Ehe sich das Kirchenjahr dem Ende zuneigt, lädt der Oktober ein, die gesamte Lebensspanne vom Alltag bis zur konzentrierten Spiritualität zu vergegenwärtigen. Kaum jemand ist da als Begleiterin besser geeignet als Teresa von Avila (1515–1582), die wir für den Bereich der Mystik noch zum Mittelalter zählen, obgleich sie die Epoche überschreitet. Frieden, Umkehr, Tod, ewiges Leben lauten traditionell die Themen des Novembers. Wir reflektieren sie mit Elisabeth von Schönau (um 1129–1164) und Margarethe Ebner (um 1291–1351). Im Dezember begegnen wir abschließend einem Höhepunkt der deutschen Mystik: Worten aus dem Werk »Fließendes Licht der Gottheit« der Mechthild von Magdeburg (um 1208–1282/97).

Bekannte und unbekanntere Frauen mit ihrer Lebens- und Gedankenwelt begegnen unserer Gegenwart, inspirieren und hinterfragen sie. Die Texte sollen nach Absicht dieses Buches in das »Heute« hineinsprechen. Damit treten sehr fremde oder befremdliche Gedanken dieser Frauen zurück. Wer tiefer in ihre Welt eintauchen möchte mit all ihrem Reichtum und ihren Problemen, findet jeweils am Schluss der biographischen Beschreibungen einen Vorschlag zum Weiterlesen.

Januar

Hadewijch
(13. Jahrhunert)

Angela von Foligno
(1248/49–1309)

Hadewijch

Im Jahr 1838: ein deutscher Gelehrter, der Philologe Franz Joseph Mone, gibt den Fund zweier Handschriften bekannt. Entdeckt hat er sie in der Königlichen Bibliothek zu Brüssel. Die Texte müssen von einer Nonne stammen, meint Mone. Ihr Name bleibt unbekannt. Ein mystischer Schatz ist geborgen. Doch die weitere Erforschung dauert an. Erst zwanzig Jahre später lautet die Vermutung: die Schriften könnte eine gewisse Hadewijch verfasst haben. 1867 erfolgt die Bestätigung: eine dritte Handschrift taucht auf. Sie trägt eindeutig den Namen Hadewijch.

Es hing am seidenen Faden. Beinahe wäre eine der begabtesten und originellsten der altflämischen Mystikerinnen und Dichterinnen dem Vergessen preisgegeben worden. Im Mittelalter jedoch reichen sich Interessierte ihre Gedichte und Briefe weiter. Besonders der Kartäuser-Orden gehört zum Kreis der Lesenden, aber auch Menschen außerhalb der Klöster öffnen sich diesen kühnen Gedanken. Hadewijch prägt den bekannten Mystiker Jan von Ruusbroec (1293–1381). Seit dem Beginn der Neuzeit verliert sich ihr Einfluss bis zu ihrer Neuentdeckung im 19. Jahrhundert. Über ihr Leben wissen wir nur wenig. Vermutlich wirkt sie im Herzogtum Brabant im 13. Jahrhundert, vielleicht in Antwerpen. Zum Nonnenstand zählt sie mit hoher Wahrscheinlichkeit nicht, wohl aber gehört sie zu den Beginen: zu den Frauen, die sich religiösen Idealen verpflichten, ohne in ein Kloster einzutreten. Kontakte zu ihrer Familie pflegt sie nicht mehr. Sie sucht sich die Frauen, mit denen sie zusammenlebt, selbst aus. Zeitweilig zieht sie wohl auch allein durch das Land. Ihre Schriften verfasst sie für ihre Weggefährtinnen. Sie belehrt die Jüngeren. Sie gibt Ratschläge, die auch heute noch oft unmittelbar zu uns sprechen. Sie führt mit ihrer schlichten, doch tiefgründigen Sprache in das Abenteuer mystischen Glaubens ein. Erhalten sind von ihr Prosa- sowie Reimbriefe (die so genannten »Mengeldichten«), Visionen und strophische Gedichte.

Hadewijch verfügt über eine ausgezeichnete Bildung. Sie kennt sich in der höfischen Kultur aus. Lateinische theologische Werke vermag sie im Original zu lesen. Sie warnt ihre Freundinnen davor, genussvoll in der Gottesliebe – der »Minne« – zu schwelgen. Sie wendet sich dagegen, sich Gott selbstzufrieden nach dem eigenen Gedankenhorizont zurechtzustutzen. Gott ist unausdenkbar und unerschöpflich. In manchen Lebensphasen entzieht er sich. Die Gottesferne ist eine Zeit voller Verzweiflung und Erschütterung. Hadewijchs Mystik umspannt die tiefsten und gegensätzlichsten Erfahrungen. Faszinierend liest sich ihr Werk in seiner Sprachkraft, die bis an die Grenzen des Sagbaren geht und doch von einer gewissen Herbheit geprägt bleibt.

Gerade für den Jahresanfang gibt sie Worte mit auf den Weg, die des Nachsinnens wert sind.

Zum Weiterlesen:
Frank Willaert, Hadewijch, in: Johannes Thiele (Hg.), Mein Herz schmilzt wie Eis am Feuer. Die religiöse Frauenbewegung des Mittelalters in Portraits, Stuttgart 1988 (Kreuz)

Angela von Foligno

Ihre Lebensgeschichte hört sich an wie so manche erbauliche Legende aus dem Mittelalter: Sorglos wächst ein verwöhntes Mädchen aus Foligno in Umbrien heran. Es macht später eine »gute Partie«. Die junge Frau kann sich materiell jeden Wunsch erfüllen. Sie plänkelt zwischen Modefragen und Festen hin und her. Als sie sich dann dem vierzigsten Lebensjahr nähert, erfährt sie eine Bekehrung. Sie widmet sich fortan der Passionsfrömmigkeit und dem Dienst für die Armen.

Wir mögen achselzuckend an dieser Geschichte vorbeigehen. Mit dieser Biographie sollte den Menschen die »Umkehrung aller Werte« nahegebracht werden. Nun ja, so etwas kennen wir. Doch wenn wir genauer hinschauen, stutzen wir vielleicht: selbst für mittelalterliche Zeiten befremdet etwas. Sehnlichst wünscht diese Frau, diese Angela von Foligno, nach ihrer Bekehrung den Tod ihrer Familie. Tatsächlich sterben kurz hintereinander ihr Mann, ihre Kinder und ihre Mutter. Jetzt fühlt sie sich frei.

Was verbirgt sich dahinter? Angela beschreitet ja zunächst vorgezeichnete Wege. Sie fügt sich dem, was in ihren Kreisen üblich ist. Sie kostet ihre Privilegien aus. Zufriedenstellen können sie diese intelligente Frau auf Dauer kaum. Einen Ausweg entdeckt sie in der die Menschen damals ganz selbstverständlich umgebenden Glaubenswelt. Hier ist ein gewisses Maß an Eigenständigkeit möglich. Allerdings gelingt dies selten mit Familienbindungen. Brutal erscheint es uns heute, jemandem den

Tod zu wünschen. Das Dasein hinter der glänzenden Fassade muss hart gewesen sein, wenn es diese Sehnsucht weckt. Einschränkend müssen wir allerdings bedenken: das Leben nach dem Tod erschien damals verlockender und erstrebenswerter als die Frist der »Erdentage«.

In einem uns fremden Gewand verrät sich der Wunsch nach einer gewissen Selbstbestimmtheit. Angela verpflichtet sich den franziskanischen Idealen der Armut und Nachfolge des leidenden Jesus als Tertiarin. Dabei ist sie nicht an ein Kloster gebunden. Sie verfasst theologische Schriften. Sie sammelt einen Kreis von Schülern um sich. Radikal gesinnte Franziskaner finden sich darunter. Ihre Kreuzestheologie mit ihrer selbstpeinigenden Art mag uns heute fern sein. Doch es gelingt Angela, sich damit als Frau zu Worte zu melden. Sie lotet die damals möglichen Grenzen bis an den Rand aus.

Ihre Schriften erlangen Einfluss bis in die deutschen Gebiete hinein. Sie gilt als »Lehrerin der Theologie«. Ihre Schüler stellen ihre Werke zusammen. Sie bestehen aus dem »Memoriale« – es verdeutlicht ihre religiöse Entwicklung – und den »Instructiones«, den »Unterweisungen«.

Angela von Foligno stirbt am 4. Januar 1309. Sie ist selig gesprochen. Ihr Gedenktag wird auf den 4. Januar datiert.

Zum Weiterlesen:
Angela von Foligno, Zwischen den Abgründen, Einsiedeln 1955 (Johannes Verlag Einsiedeln)

1. Januar

Im neuen Jahr hofft man
auf die neue Jahreszeit,
die neue Blumen und vielfältige Freude bringt.
Es wird schon bald
aus den Wurzeln der Pflanzen
Saft aufwärts steigen,
in der Ferne und Nähe
werden Wiesen und Gärten grünen.

———

Hadewijch

2. Januar

Lebe so in Gott, das bitte ich Dich,
auf dass Du nicht die hohen Werke versäumst,
zu denen Er Dich berufen hat!
Die versäume nicht um belanglose Dinge.

Lerne anschauen, was Gott ist:
wie Er die Wahrheit ist,
gegenwärtig in allen Dingen;
die Güte, fließend in allem Reichtum;
die Allheit, ganz in jeglicher Tugend.

HADEWIJCH

3. *Januar*

Ihr sollt nach dem Weg fragen; das sagt Jesus selbst:
Ich bin der Weg.
Nun da Er doch der Weg ist,
so achtet auf Seine Wege, die Er ging,
und hört, wie Er den Menschen gebot,
wie sehr sie ihren Gott von ganzem Herzen
lieben sollten,
aus ganzer Seele und mit aller Kraft.
Das ist der Weg, den Jesus zeigt und
der Er selbst ist
und den Er selbst ging,
worin das ewige Leben liegt und
das Genießen der Wahrheit.

HADEWIJCH

4. Januar

Tag der Angela von Foligno

Gott nannte ein Beispiel aus dem irdischen Leben
von einem Vater,
der seinem vielgeliebten Kind mit Maß zu essen gibt
und das Maß so bestimmt,
wie es dem Kind am besten bekommt und was sein
Wachstum fördert.
Diesem Beispiel entsprechend handelt und wirkt
Gott oft Wunderbares in der Seele.

ANGELA VON FOLIGNO

5. Januar

Hüte Dich davor, Dich an jemand zu binden,
bevor Du gelernt hast, Dich von anderen zu trennen.

Hüte Dich vor jenen, die behaupten,
den Geist der Freiheit zu besitzen,
aber augenscheinlich dem Leben Christi
entgegen sind.

Und hüte Dich, Deinen Feinden,
die Dich dauernd umlauern,
eine Angriffsfläche zu geben.
Du gibst sie ihnen, wenn Du aufhörst zu beten.

ANGELA VON FOLIGNO

6. Januar

Epiphanias

Auf Eines müsst Ihr haben Acht!
Sucht nicht in der
Zerstreuung Nacht
das Licht, das in Euch ist entfacht.

Schämt Euch, die Ihr verehrt den Schein!
Wollt Ihr im Zufall Euch zerstreun,
kriechend und ungewesend sein?

HADEWIJCH

7. Januar

Trachtet der Liebe nach und verurteilt keinen.
Und wenn Ihr seht, dass jemand schwer
sich versündigt,
so sage ich nicht, dass Euch die Sünde
nicht missfallen
und Euch nicht abschrecken soll,
aber ich sage:
verurteilt nicht, verachtet nicht den Sünder,
denn Ihr wisst nichts von Gottes Urteil.
Ja, viele, die den Menschen schon
verdammt erscheinen,
sind vor Gott gerettet,
und viele erscheinen den Menschen gerettet,
die vor Gott schon verworfen und verdammt sind.
Und ich wüsste Euch manche zu nennen,
die Ihr verachtet habt,
von denen aber ich die feste Hoffnung habe,
dass Gott sie den Heimweg führt zu Seiner Hand.

Angela von Foligno

8. *Januar*

Gott ist über allem
und doch nicht erhaben.

Gott ist unter allem
und doch nicht niedrig.

Er ist innen
und doch nicht eingeschlossen.

Könnte Ihn der Mensch begreifen und mit seinen
Sinnen und Gedanken verstehen,
so wäre Gott kleiner als der Mensch
und bald wäre Er zu Ende geliebt.

HADEWIJCH

9. Januar

Sobald sich Gott der Seele vorgestellt hat,
offenbart Er sich ihr,
indem Er sich eröffnet und die Seele ausweitet
und ihr Gaben und Hulderweise schenkt,
wie ich sie vorher nie erfahren habe,
und die alles früher Gesagte an Tiefe übertreffen.
Und dann ist meine Seele
aus aller Finsternis herausgezogen.
Und obwohl ich von außen her
einiges Wenige an Freude und Trauer aufnehmen kann,
so ist doch im Innern meiner Seele eine Kammer,
in die keine Freude, keine Trauer eintritt,
überhaupt kein Ergötzen an irgendwelchen
Kräften und Dingen,
die genannt werden können.
Sondern hierin ist das jegliche Gute,
das nicht irgendein Gut ist;
und es ist so sehr alles Gute,
dass da kein anderes Gut ist.
Und in dieser Offenbarung Gottes liegt jegliche
Wahrheit.

ANGELA VON FOLIGNO

10. Januar

Ratschläge an eine Freundin

Erweist man Dir Treue oder Wohltun oder manches,
dessen Du sonst bedarfst,
so vergiss nicht, dafür zu danken.

Unterlass es auch nicht, nach Weisheiten zu fragen,
die Du nicht begreifst;
auch nicht aus Scham wegen Deiner Unwissenheit.

Merke wohl auf die Besonderheiten,
in denen Du geirrt hast,
und bessere Dich darin mit aller Kraft.

Vor allem ist meine Bitte, Dich vor Unbeständigkeit
zu hüten.

HADEWIJCH

11. Januar

Wo zwei Dinge eins werden sollen,
da darf nichts zwischen ihnen sein als der Leim,
mit dem man sie verbindet.
Das Bindende des Leimes, das ist die Minne,
womit Gott und die selige Seele in eins gebunden sind.
Und so werden wir durch den festen Leim
des Anhängens
ein Geist mit Gott.
Gott und Mensch in einer Minne,
das ist eine Dreiheit über jeden Verstand.

HADEWIJCH

12. Januar

Diejenigen, die armer und niedriger Gesinnung sind,
die sind nur nach dem Nutzen aus:

Das Licht strahlt
in der Dunkelheit,
doch die fühlt nicht die Helligkeit
in ihrer dunklen Düsterheit.

HADEWIJCH

13. Januar

Was nützt alle Erleuchtung, alle Vision,
alle Gefühlserfahrung, alle Süße,
was alle Weisheit, was alle Erhebung,
was alle Betrachtung,
wenn der Mensch nicht die Erkenntnis Gottes
und seiner selbst hat?
In aller Wahrheit sage ich Euch: Nichts.
Gott erkennen und uns selbst,
das ist unsere Vollkommenheit.

ANGELA VON FOLIGNO

14. Januar

Es ward meine Seele einmal erhoben,
und ich schaute Gott mit solcher Klarheit
und eindringender Tiefe
wie nie zuvor.
Und nicht Liebe sah ich da,
ja, ich verlor das Gefühl der Liebe
und bin Nicht-Liebe geworden.
Und darauf sah ich Ihn in einer Finsternis,
weil Er ein Gut von solcher Größe ist,
dass Verstand und Denken Ihn nicht
begreifen können
und nichts aus der Welt des Denkbaren
und Begreiflichen hinanreicht.
Da kam über die Seele ein felsenfester Glaube,
eine einzige starke, zuversichtliche Hoffnung,
eine einzige stete Sicherheit bezüglich Gottes,
dass alle Furcht darüber zerging.

———

Angela von Foligno

15. Januar

»Ich, die ich zu Dir spreche,
bin die göttliche Macht und bringe Dir Gnade.
Und die Gnade besteht darin,
dass Du nach Meinem Willen
allen Menschen helfest und nützest.
Je näher sie Mir sind,
umso mehr wirst Du ihnen nützen.«
Da sagte meine Seele,
obwohl sie größte Freude verspürte:
»Ich will diese Gnade nicht, denn ich fürchte,
sie werde mir schaden,
so dass ich mich ihretwegen
in eitlem Ruhm überheben könnte.«
Darauf antwortete die göttliche Macht sofort:
»Du kannst darüber nicht verfügen,
denn die Gnade gehört nicht Dir;
Du bist nur ihre Hüterin.
Bewahre dieses Gut und gib es dem zurück,
dem es gehört.«

ANGELA VON FOLIGNO

16. Januar

Die Seele, die zur Vollendung der vollkommenen
Liebe gelangen will,
die Gott nicht aus Rücksicht auf Belohnung
in dieser oder in der zukünftigen Welt,
sondern nur um Seiner Selbst willen dient
und sich Ihm ganz hingibt,
weil Er ganz gut und das Allgute und in sich selbst
der Liebe würdig ist,
muss diesen geraden Weg einschlagen
und darauf wandeln,
mit Füßen der lauteren, aufrechten,
glühenden und geordneten Liebe.
Und der erste Schritt, den die Seele,
die zu Gott hinzuzutreten wünscht, tun muss,
besteht darin,
Gott in Wahrheit zu erkennen.
Indem sie es tut, versteht und begreift sie,
dass Er gut ist,
ja, dass Er das höchste und vollkommenste Gut ist.
Und so liebt sie Ihn wegen Seiner Vortrefflichkeit.

Angela von Foligno

17. Januar

Wer sich kleiden will und reich sein
und eins mit der Gottheit,
der soll sich selbst mit allen Tugenden schmücken,
womit Gott sich selbst kleidete und schmückte,
als Er als Mensch lebte.
Mit der Menschheit Gottes sollst Du hier
in Mühe und Elend leben
und mit dem allmächtigen ewigen Gott
sollst Du innerlich lieben
und jubilieren in süßer Zuversicht.
Und die Wahrheit beider ist ein einiges Genießen.

HADEWIJCH

18. Januar

Vor den wahren Betern wird das Buch
des Lebens aufgeschlagen,
nämlich das Leben des Gottmenschen
Jesus Christus,
in dem sie alles finden, was sie suchen.
Wenn Du es nicht flüchtig überfliegst,
wirst Du über alles erleuchtet und belehrt werden,
was Dir und anderen notwendig ist,
in welcher Lage Du Dich auch befindest.

———

Angela von Foligno

19. Januar

Über sich selbst und in Gott hinein erhoben,
kann die Seele den sehen, der unsichtbar ist,
den erkennen, der unerkennbar ist,
den spüren, der unfühlbar ist.
Denn sie sieht, erkennt, spürt und erfasst dann
Gott als das unsichtbare Licht,
das unfassbare und unerkennbare Gut.
Und Gott erfassend, sehend, erkennend,
schmeckend und fühlend,
weitet sich die Seele gemäß ihrer Fassungskraft
in Liebe in Ihn aus
und erfüllt sich mit diesem Gott
und erfreut sich an diesem Gott,
und Gott ist in ihr und mit ihr.

Angela von Foligno

20. Januar

Ratschläge an eine Freundin

Sei jederzeit demütig, aber nicht so demütig,
dass Du zum Toren dabei wirst
und Wahrheit und Gerechtigkeit bei ihrer Betätigung
ganz beiseite lässt.

Verlier Dich nicht an Nebendinge.

Sieh auf Deinen eigenen Weg,
bewähre Deine Zeit.

HADEWIJCH

21. Januar

Der Vater goss aus Seinen Namen
und gab uns den Sohn
und holte Ihn wieder in Sich zurück.
Der Vater goss aus Seinen Namen
und sandte den Heiligen Geist.
Der Vater goss aus Seinen Namen,
als Er den Heiligen Geist mahnte zurückzukehren
mit allem,
was Er vergeistet hatte.

———

HADEWIJCH

22. Januar

Gott ist der Weg,
durch den die Seele in ihre Freiheit fährt.
Und wäre Gott ihr nicht ganz,
Er wäre ihr nicht genug.

Wenn Gott der Seele die Klarheit gibt,
dass sie Ihn in Seiner Göttlichkeit schauen kann,
so schaut sie Ihn in Seiner Ewigkeit,
in Seiner Größe, in Seiner Weisheit,
in Seiner Edelheit, in Seiner Gegenwärtigkeit,
in Seiner Fließendheit und in Seiner Allheit.

HADEWIJCH

23. Januar

Ratschläge an eine Freundin

Keiner Befriedigung gib Dich so weit hin,
dass Du Deine klare Vernunft dabei verlierst, –
die Vernunft meine ich,
in der Du Deine Unterscheidungskräfte
wach erhalten musst.

Lass Dich nicht verdrießen,
wenn Dir etwas misslingt.

Hüte Dich mit weiser Vorsicht
vor dem Vielerlei der Tätigkeiten.

HADEWIJCH

24. Januar

Wer der Liebe alles schenkt,
erlebt Wunderbares.
In Einheit mit ihm hängt die Seele
am klaren Gegenstand, den sie schaut,
und schöpft durch die geheime Ader
aus dem Brunnen, wo die Liebe
die Herzen berauscht,
die sich verwundern
über ihre göttliche Gewaltsamkeit.
Dies ist den Weisen wohl vertraut,
doch kein Fremder entdeckt dies.

HADEWIJCH

25. Januar

Da liebt einer Gott,
damit dieser ihn vor Krankheiten,
körperlichen Leiden
und irdischen Gefahren bewahre.
Er liebt sich also in so ungeordneter Weise,
dass er aus seinem Körper seine Seele
und seinen Gott macht.
Auch liebt er, weil es diesem seinem Gott,
das heißt seinem Leib, den er zum Gott erhoben hat,
von Nutzen ist, die leiblichen Dinge.
Er liebt auch seine Freunde und Verwandten
in ungeordneter Weise,
nämlich seines Nutzens und seiner Ehre wegen.
Die geistigen Menschen aber liebt er,
um sich aus ihrer Heiligkeit
ein Mäntelchen zu weben,
obwohl er sie nicht wahrhaft wegen ihrer
guten Eigenschaften liebt.

Angela von Foligno

26. Januar

Die dreifache Verwandlung der Seele

Die erste Verwandlung geschieht dann,
wenn die Seele die Taten Christi
nachzuahmen trachtet,
weil sich in ihnen Gottes Wille offenbart.
Die zweite Verwandlung geschieht,
wenn sich die Seele Gott vereint,
starke Gefühle und große Süße von Ihm empfängt,
die aber noch in Worten auszudrücken
und in Gedanken fassbar sind.
Die dritte besteht
in der vollkommenen Einswerdung der Seele in Gott
und Gottes in sie hinein.
Dann fühlt und kostet die Seele Tiefstes von Gott,
das sie nicht mehr auszudenken oder auszudrücken
vermag.

Angela von Foligno

27. Januar

Die Augen meiner Seele waren aufgetan,
und ich sah die einzige Fülle Gottes,
in der ich die ganze Welt erfasste,
das Diesseits und Jenseits vom Meere,
das Meer und den Abgrund und alles,
aber in all dem konnte ich nichts erblicken
als allein die göttliche Macht
in einer völlig unaussprechlichen Weise.
Und in maßlosem Staunen rief meine Seele aus
und sprach:
»Wahrlich, diese Welt trägt Gott in sich.«

ANGELA VON FOLIGNO

28. Januar

Das höchste Sein lehrt uns,
alles zu lieben, was von Ihm her sein Sein hat,
also alles überhaupt Seiende,
jedes Geschöpf,
das unvernünftige und vernünftige,
und zwar mit der Liebe dieses höchsten Seins.
Und es lehrt uns,
unter den vernünftigen Geschöpfen
vor allem die zu lieben,
die die Seele vom höchsten Sein geliebt
und geschätzt sieht.
Und weil sie sieht,
wie das höchste Sein sich aus Liebe
zu den Geschöpfen hinabneigt,
darum neigt sie sich gleicherweise zu ihnen.

ANGELA VON FOLIGNO

29. Januar

Gott sprach zu mir:
»Dein ganzes Leben,
Dein Essen und Trinken und Schlafen,
Dein ganzes leibliches Sein,
alles ist mir ein Wohlgefallen,
wenn Du in der Liebe bist!«
Ich erkannte,
dass nicht ich es bin, die liebt,
so ganz ich auch in der Liebe weile,
sondern dass dies von Gott allein stammt.

———

ANGELA VON FOLIGNO

30. *Januar*

Man muss wissen,
dass Gott zuweilen in die Seele kommt,
ohne dass man bittend oder auch nur
wünschend gerufen hat.
Je mehr die Seele mit Gott vereint ist,
umso mehr wird sie von Unbeständigkeit befreit.
Darum erlangt die Seele in dieser Vereinigung
Weisheit,
eine gewisse Reife,
eine kluge Unterscheidung
und ein bestimmtes Licht.

Angela von Foligno

31. Januar

Ach, ist jetzt auch der Winter kalt,
Kurz die Tage und die Nächte lange,
Zu uns kommt kühn ein Sommer bald,
Der uns aus diesem Zwange
Eilig wird bringen: das ist gewisslich
Bei diesem neuen Jahre.
Der Hasel bringt uns Haselkätzchen herrlich;
Das ist wahrlich ein Frühjahrszeichen.

HADEWIJCH

Februar

Mechthild von Hackeborn
(1241/42–1299)

Mechthild von Hackeborn

Das kleine Mädchen lässt sich nicht umstimmen. Es will nicht nach Hause zurückkehren. Mit seiner Mutter hat es die ältere Schwester Gertrud (Äbtissin von 1251–1291) im Kloster in der Grafschaft Rodersdorf (heute: Rossdorf), nahe Halberstadt, besucht. Die Burggrafen von Mansfeld stifteten die Anlage im Jahre 1229. Sie lag in der Nähe ihres Schlosses, ehe sie hierher verlegt wurde. Sieben Jahre alt ist das Mädchen Mechthild von Hackeborn. Es weiß, was es will: im Kloster bleiben und dem Vorbild der Schwester nachstreben. Die Eltern erklären sich damit einverstanden. Vielleicht spielt bei ihnen auch der Gedanke eine Rolle: wieder ist eine Tochter untergebracht und versorgt. Zwar zahlen sie zum Klostereintritt eine Summe Geld ein, doch ist sie im Allgemeinen niedriger als die Mitgift bei einer Heirat.

Mechthild entstammt dem Geschlecht der Freiherren von Hackeborn. Ansässig ist die Familie in Nordthüringen und im Harz. Sie gilt als recht begütert.

Mechthild erlebt den nächsten Umzug der Klostergemeinschaft mit. Wassermangel zwingt die Nonnen, sich um einen neuen Standort zu bemühen. Sie lassen sich 1258 in Helfta, in der Nähe Eislebens, nieder. Das Marienkloster folgt der Regel der Zisterzienserinnen. Ursprünglich Benediktinerinnen folgen die Frauen ohne große Umwidmungen den strengeren Vorschriften.

Mechthilds Schwester Gertrud fungiert bereits mit 19 Jahren als Äbtissin. Mit viel Geschick leitet sie den Konvent gut vierzig Jahre lang. Das Kloster verfügt über einen außerordentlich hohen Bildungsstandard. Das kommt Mechthild zugute. Sie erfährt eine fundierte Ausbildung. In der Heiligen Schrift, in den Werken der Kirchenväter kennt sie sich aus. Später übernimmt sie den Part der Klosterlehrerin. Gleichzeitig mündet ihre musikalische Prägung im Amt der Kantorin.

Als Mechthilds begabteste Schülerin erweist sich eine Namensschwester der Äbtissin: Gertrud. Sie kommt ebenfalls bereits als Kind in das Kloster. Eigene Erfahrungen und pädagogisches Geschick befähigen Mechthild dazu, sie zu fördern. Aus der Lehrerin-Schülerin-Beziehung entwickelt sich später eine Freundschaft (s. auch Gertrud die Große, Texte für den Mai). Beide beeindruckt die Begegnung mit Mechthild von Magdeburg (s. auch Mechthild von Magdeburg, Texte für den Dezember). Diese große Mystikerin hat ungefähr vierzig Jahre lang in Magdeburg gelebt. Mit 60 Jahren zieht sie sich in das Kloster zu Helfta zurück. Hier vollendet sie ihr Buch »Das fließende Licht der Gottheit«. Die Schwestern unterstützen sie dabei, weil sie zunehmend erblindet. Augenscheinlich lassen sich Mechthild und Gertrud durch diese Frau in ihrem mystisch geprägten Glauben bestärken. In ihren Werken entdecken wir zahlreiche Anklänge an die Schrift vom »Fließenden Licht«, ohne dass doch im Einzelnen genaue Untersuchungen dazu vorliegen.

Dauernde Krankheiten erschweren Mechthild von Hackeborn die Ausübung ihrer Pflichten. Ihre Leiden verschlimmern sich so, dass sie ihre letzten Lebensjahre im Bett verbringen muss. Jetzt erst, mit 50 Jahren, erzählt sie ihren Mitschwestern von ihren mystischen Erfahrungen Näheres. Während der Gebetszeiten, die den Tag gliedern, vertieft sie sich in Schauungen und Auditionen. Gespeist sind die Bilder, die sie sieht, von der Liturgie und den Schriftlesungen. Sieben Jahre lang schreiben Gertrud und eine weitere Schwester heimlich das auf, was Mechthild erzählt und erläutert. Dies geschieht auf Anweisung der jetzigen Äbtissin Sophie von Querfurt. Endlich legen sie Mechthild das Geschriebene vor. Mechthild kann sich damit identifizieren. Nach kleineren Änderungen autorisiert sie die Fassung. Es entsteht »Das Buch der besonderen Gnade«, auch betitelt »Das Buch vom strömenden Lob«. Mit diesem Werk gehört Mechthild zu den drei großen Mystikerinnen von Helfta: Mechthild von Magdeburg, Mechthild von Hackeborn, Gertrud die Große von Helfta.

Der ursprünglich deutsche Text des Werkes ist nicht mehr erhalten. Er liegt in einer lateinischen Fassung vor. Zwei ihrer Briefe wurden bewahrt. Vielleicht gehören sie zu einer größeren Sammlung, die verloren ist. Mechthild von Hackeborn gilt eine Heiligenverehrung, obwohl sie offiziell nie heilig gesprochen wurde. Ihr Gedenktag wird am 19. November gefeiert, in manchen Gegenden auch am 26. Februar.

Zum Weiterlesen:

Mechthild von Hackeborn, Das Buch vom strömenden Lob, Einsiedeln 1955 (Johannes Verlag Einsiedeln)

1. Februar

Höre, Du meine Seele, und freue Dich,
denn da der Geist des Herrn
den ganzen Erdkreis erfüllt,
wirst Du nicht ausgeschlossen sein.
Doch das sind nicht die Worte Gottes,
sondern wahrscheinlich tröstet meine Seele
sich selbst.
Darauf antwortete Gott:
»Dies sind Meine Worte,
denn Deine Seele ist Mein
und Meine Seele ist Dein.«

2. Februar

Wenn der Mensch sein Gedächtnis
mit irdischen Dingen und unnützen
Gedanken erfüllt,
trübt er Gottes Bild in sich.
Ebenso wenn er seinen Verstand
zu irdischer Weisheit und Neugier wendet,
beschmutzt er sein Antlitz.
Wenn er endlich von Gottes Willen abweicht
und etwas neben Gott liebt
und sich an Vergänglichem ergötzt,
verunstaltet er Gottes Bild in sich.
Wenn also die Seele,
solange sie im Leibe weilt,
häufig vom Irdischen her sich Befleckungen zuzieht,
muss sie oft im Spiegel, das heißt in Gottes Antlitz,
ihr Antlitz betrachten,
wo sie ihr unentstelltes Bild
aufs Deutlichste sehen kann.

Durch die Klarheit Deines Antlitzes
erleuchte das Gesicht meiner Seele, mein Gott.

3. Februar

Bedenke sorgfältig, was an Tugenden Dir fehlt.

Bedenke, dass Gott von sich aus
immer viel bereitwilliger ist,
einen Menschen aufzunehmen,
als dieser von sich aus zu Ihm kommt.

Und bedenke:
das begehrt Gott am meisten,
der Mensch soll sich so verhalten,
dass Er, Gott,
dem Menschen ohne Unterlass
Seine göttliche Gnade eingießen
und alles Gute im Menschen
beständig mehren kann.

4. Februar

Wenn Dir die Demut oder
eine andere Tugend mangelt,
dann öffne Dir mit dem Schlüssel der Liebe
den kostbarsten Schrein aller Tugenden,
das göttliche Herz Jesu Christi,
und bitte den Herrn der Tugenden,
dass Er Seine edlen Tugenden Dir gibt.

Immer wenn Gedanken der Hoffnungslosigkeit
und der Verzweiflung
Dich anfechten und bedrängen,
dann laufe hin zu dem Schrein
der unerschöpflichen und gütigen Barmherzigkeit;
diese will nicht, dass einer zugrunde geht.

5. Februar

Erblickt die Seele etwas Schönes und Liebliches,
denke sie,
wie schön und liebenswert und gut derjenige ist,
der dies gemacht hat,
und so lenke sie schnurstracks zu Ihm, der alles erschuf.
Hört sie eine süße Melodie oder sonst etwas,
was sie begeistert, denke sie:
ach, wie überlieb wird die Stimme dessen sein,
der Dich einst rufen wird,
aus dem jede Anmut und jeder Wohlklang
der Stimme ausging.
Und also soll sie Ihn in allen Dingen
so lange suchen,
bis sie etwas Leises verspürt von der
Süßigkeit Gottes.
Und an welcher Kreatur sie immer sich ergötze,
stets behalte sie Gottes Wonnen im Gedächtnis,
der all dies Schöne, Erfreuliche und Bezaubernde
uns dazu erschuf,
dass Er alle zur Erkenntnis
und zur Liebe Seines Gutseins
heranlocke und hinbewege.

6. Februar

Der Mensch aber soll sorgsam und eifrig auf das
Herz Gottes achten
und gründlich bedenken und erwägen,
was dem Herzen Gottes am meisten gefällt.
Und immer, wenn er von Traurigkeit befallen wird,
dann soll er zum göttlichen Herzen,
dem ihm übergebenen Schatz,
vertrauensvoll seine Zuflucht nehmen
und dort ersuchen, dass er Trost findet.

7. Februar

Wenn einer wenig Andacht in sich verspürt,
wenn er sich kalt in der Liebe
und von Gott entfernt fühlt,
so rufe er die Liebe an
und nehme sie als Gesandtin,
sie bittend, sie möge sich würdigen,
ihm die Gnade oder eifrige Andacht zu erwirken.
Was immer er Gutes tut,
befehle er ebenso der Liebe zur Aufbewahrung an,
um es später in ein Besseres verwandelt
von ihr zurückzubekommen.
In aller Bedrängnis und Mühe
lade er die Liebe ein, ihm zu helfen;
denn ist sie da,
so spürt der Mensch keine Mühe
und erliegt nicht im Kampf.

8. *Februar*

Mechthild veranschaulicht mit dem Bild von der
Hand und den einzelnen Fingern,
wie Christus als Vorbild wirkt:

Sein kleiner Finger bezeichnet Seinen
tief demütigen Lebenswandel,
da Er auf die Erde gekommen ist,
nicht um sich dienen zu lassen,
sondern um selbst zu dienen.
An diesen Finger
sollst Du Deinen kleinen Finger legen,
das meint:
immer, wenn Du von Stolz und Hochmut
aufgebläht wirst,
dann gedenke der Demut
und der Unterwerfung Deines Gottes.

9. *Februar*

Durch den Ringfinger wird die Treue
Seines Herzens dargestellt,
in der Er wie die treueste Mutter besorgt ist
um unsere Pflege und unser Wohl;
Er nimmt in der unsagbaren Treue Seines Herzens
unsere Lasten und Beschwernisse auf sich
und beschützt uns vor allem Bösen.
An diesen Finger sollst Du Deinen Ringfinger
anschmiegen
und Du sollst erkennen,
wie große Untreue Du Deinem liebevollen
und treuen Liebhaber zugefügt hast,
als Du Deine Seele von Ihm entfernt hast;
erkenne ferner, wie selten und lau
Du Seiner gedacht hast.

10. Februar

Der Mittelfinger bezeichnet Seine ewige,
erhabenste göttliche Liebe,
die Ihn so wunderbar und heilswirkend
zu der Seele niederbeugt
und die Sein Herz nicht ruhen lässt,
bis Er sich ganz der Seele eingießt,
so wie reißendes Wasser mit Macht sich Bahn bricht,
wohin es strömen kann.
An diesen Finger schmiege Deinen Mittelfinger an,
das meint:
Deinen Willen.
Und wenn Du Deinen Herrn
nicht zu jeder Stunde lieben kannst,
dann gib den Willen für die Tat.

11. Februar

Sein Zeigefinger stellt die wunderbare
und unerforschliche Ordnung Seiner
göttlichen Vorsehung und Fürsorge dar,
die die Zukunft des Menschen
voller Barmherzigkeit vorhersieht.
Diesem Finger schmiege Deinen Zeigefinger gern an,
das meint:
Du sollst Ihm von Herzen glauben,
dass alles, was Dir geschieht,
sei es Freude, sei es Leid,
aus Seiner großen Liebe entspringt
zu Deinem Wohl und Nutzen.

12. Februar

Der Daumen ist das Zeichen
Seiner göttlichen Allmacht
und der Macht Seines väterlichen, gütigen Schutzes,
mit der Er allem,
was der treuen Seele feindlich ist,
sich entgegenstellt und es niederdrückt.
An diesen Finger sollst Du Deinen Daumen legen,
das meint:
Du sollst stark sein im Ausüben aller Tugenden
und Du sollst niemals der Barmherzigkeit
Gottes misstrauen
und niemals an ihr zweifeln.

13. Februar

Christus spricht:
»Willst Du kommunizieren, so empfange Mich
mit solcher Meinung,
als hättest Du alle Sehnsucht und alle Liebe,
die je in einem Menschenherzen brannte,
und in dieser höchsten Liebe tritt zu Mir heran.
Ich aber will diese Liebe in Dir entgegennehmen,
nicht so, wie sie in Dir ist,
sondern als ob sie wahrhaftig so groß wäre,
wie Du sie zu haben verlangst.«

14. Februar

Christus spricht:
»Ich sage Dir in Wahrheit, dass es Mir sehr gefällt,
wenn die Menschen vertrauensvoll große Dinge
von Mir erwarten.
Denn jeder, der Mir glaubt,
dass Ich ihm nach diesem Leben
über sein Verdienst hinaus vergelten werde,
und der Mich entsprechend
in diesem Leben lobpreist
und Mir danksagt,
der soll Mir so willkommen sein,
dass Ich ihm weit mehr
als er zu glauben und kühn zu erhoffen vermag,
ja unendlich über sein Verdienst vergelten werde.
Denn es ist unmöglich,
dass der Mensch das nicht gewinnt,
woran er geglaubt und was er erhofft hat.«

15. Februar

Gott spricht:
»Wenn Dir die Wahl gegeben würde, entweder,
dass Du alle Güter, welche ich Dir verliehen habe,
durch Dich selbst mit Werken und
Tugenden erworben hättest,
oder dass Ich sie Dir alle umsonst gegeben hätte,
was würdest Du wählen?«
Die Seele antwortete:
»Mein Gott, die geringste Gnade, die mir von Dir
umsonst verliehen wurde,
schätze ich höher und nehme sie lieber an,
als wenn ich die Verdienste aller Heiligen
mit den größten Tugenden und Arbeiten
verdienen könnte.«

16. Februar

Göttliche Güte

Es hüte sich der Mensch davor,
rau und bitter an seinen Flecken herumzureiben,
nämlich ohne Erwägung der göttlichen Güte;
denn wenn er zu hart reibt,
zerreißt er mehr, als dass er heilt.

Wenn Gott mit dem Auge der Erbarmung
eine Seele anblickt und sich über sie neigt,
um ihr zu vergeben,
dann werden alle ihre Vergehen
ewigem Vergessen überantwortet.

17. Februar

Gott spricht:
»So wie ein Menschenherz drei Lebensströme hat:
einen für die Luft, die es einatmet,
den anderen, wodurch es mit Speise
und Trank gestärkt wird,
den dritten, auf dem es den übrigen Gliedern
die Kräfte zuführt,
so hat auch das Herz der Seele drei Lebensströme:
Mit dem ersten Strom zieht sie Meinen göttlichen
Geisthauch in sich,
mit dem zweiten wird sie über Gottes Wort
mit ausgezeichneter Speise gestärkt,
mit dem dritten liefert sie durch Werke der Liebe
den Gliedern Kraft.«

18. Februar

Man soll nicht zweifeln,
dass unvernünftige Geschöpfe
in der Art von lebendigen Personen vor Gott stehen,
da doch dem nichts unmöglich ist,
der das Nichtseiende so ruft, als wäre es seiend.

19. Februar

Gott spricht:
»Suche Mich mit Deinen fünf Sinnen,
und mache es wie ein Gastfreund,
der beim Nahen eines sehr geliebten Freundes
aus Fenstern und Türen Ausschau hält,
ob er wohl schon irgendwo des Ersehnten
ansichtig werde.
So soll die treue Seele
in ihren fünf Sinnen,
die ihre Fenster sind,
Mich immerdar suchen.«

20. Februar

Gott spricht:
»Ich sage Dir,
kein Sünder ist so arg,
dass, wenn er wahrlich bereut,
Ich ihm nicht zur selben Stunde
all seine Schuld vergebe
und Mein Herz mit viel Huld und Milde
über ihn neige,
als hätte er nie gefehlt.«

21. Februar

Da die Gaben Gottes gar verschieden sind
und nicht alle Menschen
die gleichen Gaben erhalten,
und die Gaben eingeteilt werden,
soll jeder auf die ihm von Gott verliehenen Gaben
sorgsam Acht haben
und sie mit Dankbarkeit zu Gott zurückgießen.

22. Februar

Die Kostbarkeit der Seele

Gottes Wort verlebendigt die Seele.

Christus spricht:
»Deine Seele ist Mein und Meine Seele ist Dein.«

Wenn eine Menschenseele vom Wege abirrt,
mit wie großer Weisheit und
mit welcher Würdigung ihres Wertes
ruft Gott den Menschen zurück.

23. Februar

Aus einer Vision Mechthild von Hackeborns

Da erblickte sie in der Entrückung des Geistes einen
lebendigen Brunnen, glänzender als die Sonne,
der, in sich selber und aus sich selber strömend,
einen wundersamen Wohlgeruch von sich ausströmen ließ.
Das Brunnenhaus war aufs gediegenste
und kostbarste gearbeitet,
und der Brunnen hatte sein Schöpfgefäß in sich selber;
er trank sich selber ohne Vermittlung
eines menschlichen Werkes,
und er teilte sich allen Wesen verschwenderisch mit.
Im festgegründeten Brunnenhaus sah sie einen
Hinweis auf die Allmacht des Vaters; im Schöpfgefäß
einen solchen auf die unerschaffene Weisheit des
Sohnes Gottes, der sich Seinem Wohlgefallen gemäß
allen freiwillig hinverströmt und sich jedem nach
Seinem Willen ausschenkt und mitteilt; die Süße
des Wassers aber stellte dar die unsagbare Süßigkeit
und Güte des Heiligen Geistes.
Die herrliche Luft besagte,
dass Gott das Leben aller Dinge ist,
denn wie der Mensch nicht leben kann ohne Luft,
so lebt keine Kreatur ohne Gott.

24. Februar

Christus spricht:
»Niemals kannst Du in solchem Gewühl
und Gedränge sein,
dass, falls Du Dich aus ganzem Herzen Mir zukehrst,
Du nicht sogleich in der Einsamkeit mit Mir wärest.«

»Wo immer Du weilst, da ist Mein Himmel.«

25. Februar

Von der Seele

Die Seele suche in allem, was sie selber redet,
die Ehre Gottes und das Heil des Nächsten.

Die Seele spricht:
»Hätte ich irgendeine Macht,
dann würde ich alle Kreatur aufrufen und antreiben,
dass sie Dich, Gott,
mit aller Kraft,
aller Kunstfertigkeit und Schönheit
und mit allem Wissen und Können lobt.«

Wie schmelzendes Wachs am Feuer,
so schmolz die Seele hinweg und ging über zu Gott.

26. Februar

Tag der Mechthild von Hackeborn

Allein die Liebe hat die Allmacht der
göttlichen Majestät zu sich niedergezwungen,
allein die Liebe hat die unerforschliche göttliche
Weisheit gleichsam betört
und deren milde Güte gänzlich ausgegossen;
allein die Liebe hat die unbeugsame Strenge der
göttlichen Gerechtigkeit
völlig besiegt und in Milde
und Sanftmut verwandelt.

27. Februar

Die göttliche Liebe

Gott spricht:
»Meine Liebe hat Dich so durchdrungen
und überströmt,
dass Du Mich nicht mehr mit Deiner,
sondern mit Meiner Liebe liebst.«

»Wenn auch die Erwählten manchmal in
große Sünden verstrickt werden,
blicke Ich sie doch immer in der Liebe an,
in welcher Ich sie auserwählt habe,
und in der Klarheit,
zu der sie gelangen werden.«

28. Februar

Die Seele wurde völlig in Gott hineingerissen,
dass es war,
als würde ein Wassertropfen in Wein gegossen –
er wird ganz in Wein verwandelt.
Und so wurde diese Glückselige,
indem sie ganz in Gott hinüberging,
mit Ihm ein Geist.
In dieser Einung wurde die Seele in sich selber
zunichte gemacht;
aber Gott machte sie sehr stark und sprach zu ihr:
»Alles, was je ein Mensch fassen, empfangen
und begreifen kann,
werde Ich Dir eingießen,
um so viel, wie es für einen Menschen möglich ist,
werde Ich Meine Gnadengeschenke in
Dir vervielfachen.«

29. Februar

Gott spricht:
»Ich werde die Hoffnung
und die Freude sein über Dir,
indem Ich Dich erhebe.
In Dir werde Ich das leidenschaftliche Leben
und die freudebringende Speise sein
und Deine Seele stark machen.
Hinter Dir werde Ich das Verlangen sein,
das Dich vorwärts treibt.
Und vor Dir werde Ich die Liebe sein,
die Deine Seele anlockt.
Ich werde der feste Grund sein,
der Deine Seele trägt und hält.«

März

Julian of Norwich
(um 1343 – nach 1416)

Julian of Norwich

Englands bedeutendste Mystikerin ist für uns namenlos. Sie lebt in einer Klause, die an die Kirche St. Julian and Edward zu Norwich angemauert ist. Nach dem Heiligen und nach der Stadt nennen wir sie: Julian of Norwich. Leben in einer Klause – das ist für heutige Menschen schwer nachvollziehbar. Das Mittelalter schätzt diesen Rückzug hoch ein. Er gilt als eine Sonderform der Einsiedelei. Bestimmte Vorschriften regeln den Tageslauf: Gebete, Meditationen, leichte Arbeit, manchmal auch im Garten, wenn die Klause über ein ummauertes Stück Land verfügt. Ein verhängtes Fenster nach außen gewährt die Versorgung und einen begrenzten Kontakt. Ein zweites Fenster öffnet sich in die Kirche hinein. Mit dem Beginn der Neuzeit verschwindet diese Lebensform.

Julian of Norwich konzentriert sich in der lebhaften Stadt in ihrer stillen Seitenstraße auf ein einziges Erlebnis: 1373 erkrankt sie schwer. Sie ist dreißig Jahre alt, noch nicht bereit zum Sterben. Ihre Mutter und einige andere Frauen pflegen sie. Der Zustand verschlechtert sich so dramatisch, dass sie nach einem Priester schicken. Dieser hält der Kranken ein Kruzifix vor die Augen. Mühsam konzentriert sich Julian darauf. Plötzlich wird die Gestalt am Kreuz für sie lebendig. In zwei Nächten erlebt die junge Frau Station für Station die Leiden Jesu mit. Endlich löst sich seine Qual in der Ostererfahrung. Zwischen den einzelnen Phasen unterbrechen Fragen, die Julian nachhaltig beschäftigen, die Passion. Sie meint, Gottes Antworten zu vernehmen. So treibt es sie um, ob

Gott dieser Welt noch zugewandt ist. Hat die menschliche Sünde nicht seine Abkehr bewirkt? Beruhigt hört sie Gott zusichern: »Ich will alles gutmachen.«

Nach diesen beiden Nächten kehren die Kräfte zurück: Julian wird leben. Und sie, die nicht sterben wollte, wehrt sich jetzt. Was soll nach dieser tiefen mystischen Erfahrung noch kommen? Alle ihr wichtigen Fragen sind gelöst. Julian will nicht in den Alltag zurückkehren.

Nie wird Julian diese mystische Nähe vergessen. Sie wird bedenken, was sie gesehen und vernommen hat, wird es vertiefen. Dafür stellt die Klause einen geeigneten Ort dar. Ob Julian hier schon vor ihrer Erkrankung gelebt hat, wissen wir nicht. Schon bald nach ihrer Gesundung schreibt sie ihre Offenbarungen nieder. Sie rechnet mit Anfeindungen. Theologisch hoch gebildet weiß sie genau, wie nahe sie am Rande der Verurteilung entlangbalanciert. Ihre Aussage aus der Sicht Gottes: »Du wirst sehen, dass alles gut sein wird«, reicht dafür schon aus. Gängige kirchliche Lehre lautet: manche Menschen werden auf Grund ihrer Sünde verdammt werden. Für sie wird es eben nicht gut enden. Kritisch sieht es insbesondere aus, wenn eine Frau sich eigenständig zu Worte meldet. Überdies traut man zu dieser Zeit in England Frauen mystische Erfahrungen nicht zu. So beteuert Julian: sie wolle sich nicht als Lehrerin aufspielen. Sie selbst sei ja nur schwach und unwissend. Aber Gott habe ihr zum Nutzen aller diese Offenbarungen eröffnet.

Die erste Fassung ihrer »Revelations of Love« – »Offenbarungen einer Liebe« atmet noch ganz die Nähe zu ihrem Erlebnis. Julian erzählt ihre Passionserfahrungen.

Sie vermittelt die Fragen, die sie mit Gott erörtert hat. Schwierige Problemfelder finden sich darunter. Julians Stärke liegt in der anschaulich-bildhaften Erläuterungsweise. Das komplizierte Geflecht der Dreieinigkeit, der Trinität, bringt sie originell und phantasievoll zur Sprache. Nachfolgende werden sie daher zu Recht eine »Dichterin der Dreieinigkeit« nennen. Die Zeit vergeht. Julian schreibt noch einmal ihre Offenbarungen auf. Sie hat viel gelesen, hat sich informiert, vielleicht mit Ordensleuten diskutiert. Eventuell hat sie sich Literatur aus den reichhaltigen Bibliotheken holen lassen. All das, was sie meditiert und durchdacht hat, fließt in diese längere Schrift ein. Die »Langform« der Offenbarungen heißt diese Fassung im Unterschied zu der ersten, der »Kurzform«. Erst in der »Langform« begegnen die Bilder und Vergleiche, die bis in unsere Gegenwart hinein vergessen waren:

Sie nennt Gott »unseren Vater und unsere Mutter«. Sie schreibt Christus in seiner Weisheit und Freundlichkeit »Mütterlichkeit« zu. Sie bezieht sich dabei auf wenig bekannte Traditionen und verarbeitet sie eingängig und eigenständig. Wann Julian verstorben ist, lässt sich schwer ermitteln.

Julian verfügt über keinen Gedenktag. Ihre Visionen lassen sich in der Passionszeit besonders eindringlich nachvollziehen. Darüber hinaus lohnt es sich, sich in der Pfingst- und Trinitatiszeit mit der »Dichterin der Trinität« auseinander zu setzen und zu ihr zurückzublättern.

Zum Weiterlesen:
Lady Julian of Norwich, Offenbarungen von göttlicher Liebe, Einsiedeln 1960 (Johannes Verlag Einsiedeln)

1. März

Gott spricht:
»Ich will alles gutmachen,
Ich werde alles gutmachen,
und Du sollst sehen,
dass alles gut sein wird.
Alles wird gut sein,
und jederlei Ding wird gut sein.«

2. *März*

Von der Schöpfung haben wir unser Sein,
durch Barmherzigkeit gedeihen wir,
und durch Gnade werden wir vollkommen.
Da sah und erkannte ich,
dass die hehre Macht der Dreieinigkeit
unser Vater ist
und die tiefe Weisheit der Dreieinigkeit
unsere Mutter
und die große Liebe der Dreieinigkeit unser Herr.

3. März

Es müssen alle erschaffenen Dinge wie nichts sein,
damit wir die Liebe zum unerschaffenen
Gott erlangen.
Denn dies ist der Grund,
warum die, deren Willen eingenommen ist
mit irdischen Dingen
und die immer mehr weltliches Wohl suchen,
hienieden im Herzen und in der Seele
nicht Gottes sind,
denn sie lieben und suchen ihre Ruhe
in diesem Ding,
das so klein ist und worin keine Ruhe ist,
und sie kennen Gott nicht,
der allmächtig,
all-weise
und all-gütig ist.
Denn Er ist die wahre Ruhe.
Gott will erkannt sein
und Er freut sich,
dass wir in Ihm ruhen.
Denn alles, was weniger ist als Er,
genügt uns nicht.

4. März

Das Gebet

Unser Gebet bereitet Gott Freude.

Das Gebet bewirkt, dass der Mensch
mit sich zufrieden ist,
und es macht den besonnen und milde,
der früher friedlos und von Mühsal beladen war.

Das Gebet vereinigt die Seele mit Gott.

Wenn die Seele will, wie Gott will,
vermag das Gebet die Seele Gott ähnlich zu machen.

5. *März*

Gott ist die Mütterlichkeit.
Die gütige, liebevolle Mutter,
die die Not ihres Kindes weiß und kennt,
die erhält es auch voller Zärtlichkeit.
Und wenn es älter und größer wird,
dann ändert sie auch ihr Wirken für ihr Kind;
aber nie ändert sie ihre Liebe.
Die Mutter kann wohl dulden,
dass ihr Kind manchmal fällt
und mancherlei Schaden nimmt,
wenn es ihm zum Segen gereicht;
aber ihre Liebe kann nie zulassen,
dass irgendeine Gefahr ihr Kind bedroht.

6. *März*

Wenn irgendein Mensch seine Liebe irgendeinem
seiner Mitchristen entzieht,
so liebt er rein gar nichts,
denn er liebt nicht alle,
und daher ist er in diesem Augenblick nicht erlöst,
denn er ist nicht im Frieden.
Und wer alle seine Mitchristen insgemein liebt,
der liebt alles, was da ist.
Denn in der Menschheit, die erlöst werden soll,
ist alles zusammengefasst, was ist:
alles, was erschaffen wurde,
und auch der Schöpfer des Alls,
denn im Menschen ist Gott
und darum ist im Menschen alles.
Und wer so alle seine Mitchristen insgemein liebt,
der liebt alles, und wer also liebt, der ist erlöst.

7. März

Gott sei davor, dass Ihr sagen
oder es so auffassen solltet,
dass ich eine Lehrerin bin,
denn das meine ich nicht
und habe es niemals gemeint,
bin ich doch eine armselige Frau,
schwach und hinfällig.
Aber ich weiß wohl, was ich sage,
denn ich habe es in der Schau von Gott empfangen,
der der allerhöchste Lehrer ist.
Wahrhaftig, die Liebe bewegt mich dazu,
es Euch zu berichten,
denn ich wünschte, dass Gott erkannt wird.
Sollte ich deshalb,
weil ich eine Frau bin,
glauben,
dass ich Euch nicht von der
Güte Gottes sprechen soll?

8. März

Vier Arten von Furcht

Die erste ist die Furcht vor einem Feinde,
die den Menschen plötzlich befällt,
weil er schwach ist.
Diese Furcht ist gut,
denn sie hilft dem Menschen, sich zu läutern.
Die zweite ist die Furcht vor der Pein.
Diese Furcht bewegt den Menschen dazu,
bei Gott Erbarmen und Trost zu suchen.
Die dritte ist die kleingläubige Furcht.
Wenn sie auch an sich unbedeutend ist,
so ist sie doch eine Art der Verzweiflung,
wenn man sie recht erkennt.
Ich bin sicher, dass Gott jede kleingläubige Furcht
hasst.
Die vierte ist die Ehrfurcht,
und sie ist die einzige Furcht,
die Er gern bei uns sieht.

9. *März*

Die Dreifaltigkeit ist unser Schöpfer.
Die Dreifaltigkeit ist unser Beschützer.
Die Dreifaltigkeit ist unser
immerwährender Geliebter.
Die Dreifaltigkeit ist unsere endlose Freude und
Wonne.

10. *März*

Am Tag, an dem ein Mensch stirbt,
ist er für die Ewigkeit gerichtet.
Ich sagte dies, weil ich wollte,
dass die Menschen Gott mehr lieben
und weniger Wert auf die Eitelkeit der Welt legen,
damit sie sich besinnen,
dass dieses Leben kurz ist.

11. *März*

Wir sind Christi Seligkeit,
wir sind Sein Preis,
wir sind Seine Ehre,
wir sind Seine Krone.

Christus spricht:
»Ich habe genügend Freude daran
und verlange nichts anderes für Meine Mühsal,
als dass Dir geholfen sei.«

12. *März*

Im Wissen um die Liebe
sind wir am meisten blind,
denn viele Menschen glauben zwar daran,
dass Gott allmächtig ist
und alles zu tun vermag,
und dass Er allwissend ist und alles tun kann,
aber dass Er all-liebend ist und alles tun will,
dazu sind sie zu kleinlich.

13. März

Die Barmherzigkeit ist eine Eigenschaft,
die dem Muttersein in seiner zarten Liebe eigen ist.
Da sah ich, dass Gott Seine Freude daran hat,
dass Er unser Vater ist und unsere Mutter.

14. März

Ich sah, wie mir gütig und liebevoll gezeigt wurde,
dass jeder einzelne Mensch
mitsamt seinen Jahren im Himmel bekannt sein
und für seinen willigen Dienst
und die darauf verwendete Zeit
belohnt werden soll.
Ich wurde danach
von einem ewig währenden Geborgensein erfüllt,
wurde machtvoll gefestigt
und verlor alle Furcht.

15. *März*

Gott schenkte mir Trost und Ruhe der Seele
und eine so gesegnete und richtige Freude
und Sicherheit,
dass weder Furcht noch Kummer,
noch leibliche oder geistliche Pein,
die ich hätte erleiden können,
mich um meine Ruhe gebracht hätten.
Dann zeigte sich wieder Pein in meinem Gefühl
und danach wieder die Freude und das Wohlbehagen,
bald das eine, bald das andere
zu verschiedenen Malen.
In den Augenblicken der Freude
hätte ich mit dem heiligen Paulus sagen können:
»Nichts soll mich scheiden
von der Liebe Christi« (Römer 8,35),
und in der Pein
hätte ich mit dem heiligen Petrus sagen können:
»Rette mich, Herr, ich gehe unter.« (Matthäus 14,30)

16. *März*

Gott schenkt das Wohl aus freier Güte,
wenn es Ihm gefällt,
und duldet manchmal,
dass wir in Weh sind,
und beides tut Er aus Liebe,
denn es ist Gottes Wille,
dass wir uns mit aller Kraft im Trost erhalten,
weil die Seligkeit ewig ist und ohne Ende,
während die Pein vorbeigeht und zunichte werden soll.
Deswegen ist es nicht Gottes Wille,
dass wir den Gefühlen der Pein in Kummer und
Trauer nachgeben,
sondern dass wir schnell über sie hinweggehen
und uns in der ewigen Freude erhalten,
welche der allmächtige Gott ist,
unser Liebhaber und Erhalter.

17. *März*

Christus spricht:
»Ich bin es, den Du liebst.
Ich bin es, der Dir wohlgefällt.
Ich bin es, dem Du dienst.
Ich bin es, nach dem es Dich verlangt.
Ich bin es, den Du ersehnst.
Ich bin es, den Du im Sinne trägst.
Ich bin es, der alles ist.«

Diese Worte erkläre ich nicht,
es möge jeder Mensch gemäß der Gnade,
die ihm Gott im Verstehen und in der Liehe gibt,
sie so hinnehmen, wie unser Herr sie meint.

18. März

Ebenso wie Gott
in Seiner Gnade
unsere Sünden sogleich vergisst,
wenn wir sie bereuen,
so will Er,
dass wir unsere Sünden
und unsere Trübsal
und unsere kleingläubige Furcht
vergessen sollen.

19. März

Oh, erbärmliche Sünde, was bist du?
Du bist nichts,
denn ich sah, dass Gott alles ist,
und dich sah ich nicht,
und als ich sah,
dass Gott alle Dinge gemacht hat,
sah ich dich nicht,
und als ich sah, dass Gott in allen Dingen ist,
sah ich dich nicht,
und als ich sah, dass Gott alles wirkt,
was gewirkt wird,
sei es groß oder klein,
sah ich dich nicht.
Und so bin ich sicher, dass du nichts bist.

20. *März*

Christus erleuchtet unseren Verstand.
Er bereitet unsere Wege.
Er befreit unser Gewissen.
Er tröstet unsere Seele.
Er macht unser Herz leicht.
Er schenkt uns
bis zu einem gewissen Grade
die Fähigkeit,
Seine Gottheit
zu erkennen und zu lieben.

Durch Seine Liebe lässt Er uns alles lieben,
was auch Er liebt,
und Wohlgefallen an Ihm
und allen Seinen Werken haben.

21. März

Frühlingsanfang

Da ließ Gott mich ein kleines Ding schauen
in der Größe einer Haselnuss.
Ich blickte es an und dachte:
Was mag dies wohl sein?
Und mir wurde die Antwort gesamthaft zuteil:
»Es ist alles, was geschaffen wurde.«
Ich staunte, wie es bestehen könne,
denn mich dünkte, es sei so klein,
dass es plötzlich zu nichts zerfallen könnte.
Und es wurde mir in meinem Verstande geantwortet:
»Es besteht jetzt und immerdar, weil Gott es liebt.«

22. März

Gott ist uns alles,
was zu unserer Hilfe
gut und tröstlich ist.
Er ist unser Gewand,
das uns aus Liebe umhüllt,
uns umgreift und umfängt
und vor allem uns ermuntert;
in zärtlicher Liebe umkreist Er uns,
um uns niemals zu lassen.

23. *März*

Solange ich nicht wesentlich mit Gott vereint bin,
kann ich niemals Liebe, Ruhe und Seligkeit finden,
so lange nämlich,
als ich nicht so an Ihm hafte,
dass gar nichts Erschaffenes zwischen
meinem Gott und mir steht.
Und wer soll diese Tat vollbringen?
Wahrhaftiglich
Er selbst durch Sein Erbarmen und Seine Gnade,
denn dazu hat Er mich erschaffen
und mich zu dieser Seligkeit erlöst.

24. *März*

Gott zeigte mir, dass das Siechtum,
an dem wir leiden,
ein zweifaches ist,
und Er will,
dass wir von beiden geheilt werden.
Das eine ist die Ungeduld –
denn wir nehmen unsere Mühsal
und unsere Pein sehr schwer –
und die andere ist die Verzweiflung
kleingläubiger Furcht.
Diese zwei sind es – so zeigte es mir unser Herr –,
die uns am meisten quälen
und uns am meisten bedrängen,
und von denen uns geheilt zu sehen,
Ihm am liebsten ist.

25. *März*

Gott sagte:
»Du wirst nicht überwältigt werden.«
Diese Worte, »Du wirst nicht überwältigt werden«,
wurden sehr klar und mit Macht gesprochen,
um uns Sicherheit und Kraft
gegen alle Trübsal zu geben,
die da kommen mag.
Er sagte nicht:
»Du wirst nicht versucht werden,
Du wirst keinen Kummer haben,
Du wirst nicht krank sein«,
sondern Er sagte:
»Du wirst nicht überwältigt werden.«

26. *März*

Ich sah, dass meine Seele so groß war,
als wäre sie ein Königreich,
und an den Dingen, die ich darin wahrnahm,
dünkte es mich, dass sie eine ehrwürdige Stadt sei.
In der Mitte dieser Stadt
sitzt unser Herr Jesus.
Von dem Platz,
den Jesus in unserer Seele einnimmt,
wird Er in Ewigkeit nicht weichen,
denn in uns hat Er sein trauliches Heim
und hat das größte Wohlgefallen daran,
in uns zu wohnen.

27. *März*

Gott ist immer gleich in Seiner Liebe,
aber der Mensch,
solange er in Sünde verharrt,
ist so ohnmächtig, so töricht und so lieblos,
dass er weder Gott noch sich selbst lieben kann.
Am meisten schadet es ihm,
dass er blind ist,
denn er sieht dies alles nicht.
Dann aber gewährt ihm die ungeteilte,
ewige, gleiche Liebe des allmächtigen Gottes,
dass er sich selber sieht.

28. *März*

Ich sah in leibhaftem Gesicht
das Antlitz des Gekreuzigten,
der vor mir hing
und an dem ich ohne Unterlass einen Teil
Seines Leidens wahrnahm:
wie man Seinen Leib verachtete,
bespie und besudelte,
wie man Sein gesegnetes Antlitz
mit Ohrfeigen schlug
und manch andere Qual und Pein.

29. *März*

Alle Qualen, die Christus in Seinem Leibe litt,
zeigten sich mir in dem gesegneten Antlitz,
soweit ich es sehen konnte,
und besonders in den Lippen.
Diese Veränderung war schrecklich anzusehen,
dieses Versinken in den Tod.
Dieses Dahinscheiden schien so langsam,
als ob es sieben Tage lang gedauert
und Er immerwährend Pein gelitten hätte,
und mich dünkte,
dass das Austrocknen des Leibes Christi
die größte Pein Seines Leidens war.

30. *März*

Und plötzlich, während ich dieses
selbe Kruzifix betrachtete,
wandelte sich Sein Ausdruck in selige Freude.
Diese Wandlung Seines Ausdrucks
ging auch in meinen über,
und ich wurde so froh und heiter,
als man nur sein kann.

31. *März*

Unsere Mutter Christus offenbart sich
uns in mancherlei Wirken:
in Ihm gedeihen und wachsen wir,
aus Barmherzigkeit macht Er uns wieder gut,
und durch die Kraft Seines Leidens und Sterbens
und Seiner Auferstehung
vereinigt Er uns mit unserem göttlichen Urquell.

April

MARGUERITE PORÈTE
(hingerichtet 1310)

Zu ihrem Vorgehen gehört ein außergewöhnlicher Mut: Marguerite Porète trägt ihre Gedanken öffentlich vor. Vielleicht gestaltet sie ihre Auftritte in der Manier einer Bänkelsängerin. Sie steht an Straßenecken und auf Plätzen und lädt die Menschen ein, ihr zuzuhören. Einige Abschnitte im Buch der Marguerite Porète tragen diesen Stil. Ihre Schrift verrät überdies eine Autorin von hohem Bildungsniveau. Sie zählt zu den mittelalterlichen Denkerinnen von hohem Rang. Marguerite schreibt in der französischen Sprache.

Von ihrem persönlichen Leben wissen wir nur wenig. Geboren wird sie, so vermuten wir, zwischen 1250 und 1260. Ihre Heimat liegt vielleicht im Nordosten Frankreichs. Sie wirkt später im Hennegau. Ihr literarisch meisterhaft gestaltetes Werk trägt den Titel: »Spiegel der einfachen zunichte gemachten Seelen«. Es umfasst 139 Kapitel. Oft wechselt die Autorin darin den Stil: wissenschaftliche Prosa löst höfische Gesprächsform ab. Marguerite Porète ist bewandert in der Disputier- und Argumentationskunst. So lässt sie zum Beispiel die Liebe und die Vernunft miteinander diskutieren. Sie streiten sich darüber, was für die Seele am besten sei. Marguerite Porète möchte, dass sich die Menschen in ihrem Buch wie in einem Spiegel erkennen. Sie sollen darüber nachdenken, wofür sie eigentlich bestimmt sind. Der »Spiegel« dient im Mittelalter oft als Bild, um die Lesenden zur Gottes- und Selbsterkenntnis zu bewegen. Die Seele, so schreibt Marguerite Porète, muss von allem frei werden, was sie von außen beeinflussen will. Aber auch ihr »Eigenwille« ist aufzugeben. Dann ist sie »zunichte gemacht«. Sie geht ganz in die göttliche Liebe ein. Vorschriften aus der Tugendlehre bedarf sie nicht mehr. Für die Autorin wird es gefährlich, besonders als Frau. Diese Seele lebt ja in einer unmittelbaren Gottesnähe. Wozu braucht sie noch die Kirche? Die Kirche, die sich zuständig fühlt, die Gottesbeziehung zu vermitteln? In den Ketzereiverdacht gerät Marguerite auch durch einen weiteren Aspekt: die Seele, die sie beschreibt, ist nahezu identisch mit Gott geworden. Dies gilt als »Selbstvergottung« und verlässt den Rahmen der »Rechtgläubigkeit«.

Die Folgen lassen nicht lange auf sich warten. Im Jahr 1300 – vielleicht auch etwas später – geht das Buch auf dem Marktplatz zu Valenciennes in Flammen auf. Nun ist sich Marguerite Porète, seit sie zu schreiben begann, darüber im Klaren: das Werk enthält Gedanken und Sprachwendungen, an denen die kirchliche Obrigkeit Anstoß nehmen kann. Sie holt deshalb eigene theologische Gutachten ein. Augenscheinlich fühlt sie sich durch diese Schriften vor Angriffen geschützt. Sie misst wohl auch der Verbrennung nicht den drohenden Ernst zu. Jedenfalls verbreitet sie ihre theologischen Einsichten weiter. 1307 erfolgt eine weitere Anklage. Dieses Mal in Paris. Marguerite Porète wird eingekerkert. Am 11. April 1310 erfolgt das Urteil: 15 ihrer Sätze gelten als ketzerisch. Anschließend versuchen die Theologen, die über sie zu Gericht sitzen, sie nachdrücklich zum Widerruf zu bewegen. Sie schlagen ihr auch vor, wenigstens die anstößigen Sätze zu erläutern. Es nützt nichts. Die Autorin widerruft nicht und weigert sich ebenfalls, sich zu rechtfertigen. Das Urteil erhält am 30. Mai seine Bestätigung. Als besonders erschwerend gilt die Einschätzung, es mit einer »rückfälligen Ketzerin« zu tun zu haben. Am 1. Juni erleidet Marguerite Porète den Feuertod.

Es grenzt an ein Wunder, dass wir ihr Buch heute in Händen haben. Selbstverständlich darf das Buch einer Verurteilten nicht gelesen und nicht verbreitet werden. Es gelingt aber, einige Handschriften im Verborgenen zu bewahren. Den Mut bringen wohl nicht nur einige wenige auf, denn die Anzahl der Textausgaben erstaunt. Auch Übersetzungen ins Italienische und Englische finden sich.

Marguerite zeigt auf erschütternde Weise, wie gefährlich mystisch-theologisches Denken sein kann. Ihr Werk enthält eine der anspruchsvollsten Schriften der mittelalterlichen Frauenmystik. Wir können nur ahnen, wie viele andere Texte vernichtet wurden oder verloren gingen.

Zum Weiterlesen:

Margareta Porète, Der Spiegel der einfachen Seelen, Zürich und München 1987 (Artemis)

1. April

Herr Gott! Ich weiß nicht, woher Ihr seid;
denn einzig Euer göttliches überewiges
Vermögen begreift dies.
Herr, ich begreife nicht, was Ihr seid;
dies weiß allein Eure göttliche überewige Weisheit.
Herr, ich weiß nicht, wer Ihr seid;
denn dies begreift allein Eure göttliche
und überewige Güte.

2. April

Jene leben von Stroh
und von Kleie
und von grobem Futter,
welche ihre Gewohnheit
nach menschlichem Willen
beibehalten haben.

Was ist Euer Verständnisvermögen blöd!
Ihr lasst das Korn und nehmt das Stroh.

3. April

Hört her und beeilt Euch:
Der Weg nämlich ist weit und die Strecke lang
vom ersten Gnadenstand bis zur letzten Stunde
der Herrlichkeit,
den der großmütige Fernnahe verleiht.

4. April

Sie gehen zugrunde mit ihren Werken,
der Selbstgefälligkeit wegen,
die sie in ihrem Stande haben.
Solche Leute, spricht die Liebe,
werden Könige genannt –
jedoch nur in dem Land, wo jedermann einäugig ist.
Wer aber zwei Augen besitzt,
hält sie ohne Zweifel für Sklaven.
Sie gleichen der Eule, die glaubt,
im Wald gäbe es keine schöneren Vögel
als ihre Jungeulen!

5. April

Es gibt keine geringen Verfehlungen,
weil es dem göttlichen Willen nicht gefällt,
muss es Ihm notwendig missfallen.
Wer bei Gott, wer wagt es, etwas gering zu nennen?
Ich halte dafür,
dass einer, der etwas geringfügig nennt,
nie je richtig erleuchtet war,
es auch nie sein wird, wenn er sich nicht bessert.
Aber schlimmer noch,
denn er hat das Wohlwollen Seines Herrn
durch derartige Nachlässigkeit missbraucht.

6. *April*

Über den Willen

Vermöchte man zu zählen,
wie viele Male ich Gott Seinen Willen
genommen habe.

Eure Bereitschaft genügt Gott, Eurem Freund.

Es gibt kein Leben mehr
außer ununterbrochen
den göttlichen Willen zu wollen.

7. April

»Wenn es so wäre, dass ich etwas zu geben hätte«,
spricht die Seele,
»dann verabreichte ich Gott nicht
so kleine Portionen,
ich, die ich nichts bin,
Er aber ist doch alles.
Ich vermöchte Ihm gegenüber bestimmt
nichts zurückzuhalten,
ich müsste Ihm alles geben,
hätte ich etwas zu geben.
Und wie wenig an Wertvollem ich auch habe,
Ihm gegenüber habe ich nichts zurückbehalten,
weder den Leib, noch das Herz,
noch die Seele.
Und Er weiß es genau.«

8. *April*

Wer dient, ist keineswegs frei,
wer noch empfindet, ist nicht tot.
Wer sich sehnt, der begehrt;
wer bettelt, der hat Mangel
an göttlichem Genügen.
Jene aber, die der Liebe treu ergeben sind,
sind auch beständig von ihr eingenommen
und durch die Liebe zunichte geworden
und ganz ausgeplündert durch die Liebe.
Und sie machen sich aus nichts etwas,
außer aus der Liebe.

9. *April*

Ich gebe allen zu wissen, dass wir innen in uns –
durch fromme Gedanken,
durch Werke der Vollkommenheit,
durch Fragen der Vernunft –
nach unserem Vermögen das ganze Leben,
das Jesus Christus führte
und das Er uns predigte, uns aneignen müssen.
Denn Er sagte:
Wer an mich glaubt,
der wird solche Werke vollbringen, wie Ich sie tue,
und er wird noch größere vollbringen (Joh. 14,12).
Und dies müssen wir befolgen,
bis wir den Sieg über uns erlangen.
Und wenn wir dies tun nach unserem Vermögen,
werden wir dazu kommen,
dass wir all dies erlangen,
indem wir alle frommen Gedanken
und alle Werke der Vollkommenheit
und alle Fragen der Vernunft aus uns ausräumen,
denn wir wüssten damit nichts mehr anzufangen.
Die Gottheit wirkte von nun an in uns,
für uns, ohne uns, ihre göttlichen Werke.

10. April

Meine Freundin, was wünscht Ihr von mir?
Ich umfasse alles, was war
und was ist und was sein wird.
Ich bin mit allem erfüllt.
Nehmt von mir, so viel Ihr nur wollt!
Wollt Ihr alles von mir,
so erhebe ich keinerlei Einspruch.
Sagt, meine Freundin! Was wollt Ihr von mir?
Ich bin die Liebe, die ich mit aller Güte erfüllt bin:
was immer Ihr wollt, wir wollen es auch.
Meine Freundin! Sagt uns aufrichtig Euren Willen!

11. April

Über die Liebe

Die Nächstenliebe verlangt von keiner Kreatur
irgendeinen Lohn,
was Gutes oder Angenehmes sie auch
für sie getan hat.

Die Nächstenliebe kennt weder Schande
noch Furcht, noch Missbehagen.

Die Nächstenliebe ist so aufrecht,
dass sie nicht gebeugt werden kann,
was immer ihr zustößt.

In allen Belangen sonst braucht es ein Maß,
ausgenommen in der Liebe.

12. April

Die Freiheit der Seele

»Liebe«,
spricht die Vernunft,
»und wann waren die Seelen sklavisch?«
Die Liebe:
»Solange sie Euch gegenüber in Liebe
und Gehorsam verblieben,
Frau Vernunft,
und gleichweise auch bei den übrigen Tugenden,
und sie hielten dabei so lange aus,
bis sie frei wurden.«
Die Vernunft:
»Und wann wurden derartige Seelen frei?«
Die Liebe:
»Als die Liebe bei ihnen Wohnung nahm.«

13. April

Die Vernunft spricht zur Seele:
»Ja, Frau Seele, weil die Liebe Euch leitet
und nicht Ihr die Liebe leitet,
weil die Liebe in Euch wohnt,
die an Euch ihren Willen tut ohne Euch,
werde ich es nicht mehr wagen,
mich einzumischen oder dazwischenzustellen.
Vielmehr, Frau Seele,
gelobe ich Euch von nun an für immer Gehorsam
und den Frieden nach meinem ganzen Vermögen.
Notgedrungen muss ich dies tun:
weil die Liebe es will,
kann ich dagegen nicht angehen.
Ich ergebe mich vielmehr Euch ganz und gar.«

14. April

Die Liebe zerstört nie,
vielmehr unterweist und ernährt
und unterstützt sie jene,
die sich ihr anvertrauen.
Denn sie ist sättigend
und ein Abgrund und ein überlaufendes Meer.

15. April

Die Gottheit ist die Mutter der Seele
und die Ahnfrau ihrer Zweige,
deren Schösslinge so viele Früchte tragen.

Die Seele stammt aus der Liebe,
und darum will sie wiederum dahin zurückkehren.

16. April

Wenn ein Mensch ein Stück Land hat,
und er aus Notwendigkeit aus dieser Erde
seinen Lebensunterhalt ziehen muss,
so schuftet er und gräbt und hackt in dieser Erde,
in der Weise, in der er meint und glaubt,
dass dadurch sein Land besser werden müsste,
um Getreide hervorzubringen,
das er zuvor hineinsäen wollte.
Diese beiden Dinge muss man notgedrungen tun,
bevor der Mensch aus seinem Land Frucht
zum Leben erhalten kann.
Doch wenn der weise Arbciter
seine Erde gepflügt und gehackt und das Getreide
hineingestreut hat,
vermag er mit seiner ganzen Kraft
nicht mehr nachzuhelfen.
Vielmehr gehört es sich,
dass er Gott über all dies verfügen lässt,
wenn er aus seiner Mühe Nutzen ziehen will.
Denn von sich aus vermag er nichts weiter beizutragen.

17. April

Überreicht ein König einem seiner Diener,
der ihm aufrichtig gedient hat,
ein großes Geschenk,
und würde dieser Diener auch
durch dieses Geschenk für immer reich,
ohne dass er je wieder Dienst tun müsste,
was wäre daran für einen
klugen Menschen verwunderlich?
Zweifellos fände er daran nichts zu verwundern!
Denn anders würde er den König und sein Geschenk
und den durch das Geschenk
Freigewordenen beschämen.
Aber bei Gott!
Warum verwundert sich einer,
der Einsicht hat,
dass Er große Dinge und neue Dinge sagt?

18. April

Das Trachten der reinen Liebe
hat nur eine einzige Absicht,
die ist,
beständig aufrichtig zu lieben,
ohne dabei irgendwelchen Lohn zu begehren.
»Niemand kann meine Freundin sein«,
spricht die göttliche Liebe,
»außer einer,
die weder um Verlust noch um Gewinn bangt.«

19. April

Aus sich selbst macht sie sich nichts,
auf Gott geht sie ein,
der sie mehr liebt,
als die Seele sich selbst zu lieben vermöchte.
Diese Seele hat einen so großen Glauben in Gott,
dass sie keine Angst hat davor,
arm zu sein,
wo doch ihr Freund reich ist.
Der Glaube lehrt sie,
dass sie Gott finden werde,
wie sie Ihn erhofft.
Und sie hofft im Glauben,
dass Er ganz reich sei,
weshalb auch sie nicht arm bleiben kann.

20. April

Die Seele für sich zählt auf
kein geschaffenes Ding mehr,
und darum hat eine solche Seele
einen Frieden von solcher Art:
sie lebt in der Welt ohne irgendeine Beunruhigung.
Der Friede des Lebens aus dem göttlichen Leben
lässt sich nicht ausdenken,
noch aussagen,
noch beschreiben.

21. April

Was immer ihr zustoßen mag,
die Seele unternimmt nichts,
was dem vollkommenen Frieden
ihres Geistes entgegenstünde.
So benimmt sich der wahrhaft Arglose.
Ich gebe Euch ein Beispiel:
Betrachtet das Kind:
Es ist reine Arglosigkeit:
tut es etwas oder unterlässt es etwas zu tun –
handelt es sich um ein Großes oder um ein Kleines –
wenn es ihm nicht beliebt?

22. April

Die freie Seele stützt sich auf zwei Pfeiler ab:
nämlich auf einen zur Rechten
und auf einen anderen zur Linken.
Durch diese zwei Stützpfeiler
ist die Seele stark gegen ihre Feinde,
wie eine vom Meer umgebene Festung,
die man nicht untergraben kann.
Der linke Pfeiler,
auf den sie sich jederzeit abstützt,
ist die Stärke.
Und derjenige zur Rechten
ist die hohe Erkenntnis,
welche die Seele von der reinen Gottheit empfängt.

23. April

Die Seele ist trunken durch die Erkenntnis der Liebe
und durch die Gnade der reinen Gottheit.
Sie ist allezeit berauscht von Erkenntnis
und erfüllt von Lobpreis der göttlichen Liebe.
Und zwar nicht allein trunken von dem,
was sie trank,
sondern sehr trunken
und mehr als trunken von dem,
was sie nicht trank und niemals
zu trinken bekommen wird.

24. April

Eine Seele, die sich rettet durch Glauben ohne Werke,
die einzig in der Liebe besteht,
die nichts tut um Gottes willen,
die nichts zu tun unterlässt um Gottes willen,
die man nichts lehren kann,
der man weder etwas nehmen
noch etwas geben kann
und die keinerlei Willen hat,
das ist eine Seele im Frieden.

25. April

Gott ist durch Seine göttliche Natur allgegenwärtig.

Wenn Gott sich nicht rührt,
dann rührt sich eben nichts.

Es gibt nichts Gewisseres als das, dass Gott ist.

Wer Gott hat, hat alles.

26. April

Alles, was man von Gott sagen oder schreiben kann,
noch auch zu denken vermag –
was mehr ist, als man sagen kann –
gleicht eher einer Lüge denn einer wahren Aussage.

27. April

Auch Feuer nimmt keineswegs je
irgendwelche Materie an:
es macht vielmehr aus sich und der Materie einen
einzigen Stoff,
es sind nicht mehr zwei Stoffe,
sondern nur noch ein einziger!
So verhält es sich mit den beiden,
von denen wir sprachen:
die Liebe nämlich zieht der Seele
ganze Materie in sich.
Es besteht nurmehr ein Einziges in der Liebe,
und solche Seelen sind dann nicht mehr zwei,
denn dies bedeutete Zwietracht.
Sie sind vielmehr eines
und darum besteht Eintracht.

28. April

Jetzt ist diese Seele dem Adler vergleichbar,
weil sie hoch und immer höher fliegt,
viel höher als irgendeiner unter den Vögeln:
denn sie ist mit der edlen Liebe befiedert.
Sie erschaut die Schönheit der Sonne ganz klar,
das Strahlen der Sonne und den Glanz der Sonne,
dazu das Leuchten des Strahls,
der ihr das Mark der hohen Zeder zur Speise reicht.

29. April

Das Paradies ist nichts anderes als Gott schauen.
Und in Wahrheit befindet jeder sich da,
so oft er von sich selbst befreit ist.
Zwar befindet er sich da noch nicht
in verklärter Weise,
denn der Leib einer solchen Kreatur
ist zu grobstofflich.
Doch befindet er sich göttlicherweise dort,
weil das Innere frei ist von allem Kreatürlichen.
Und darum lebt ein solcher Mensch
aus der Herrlichkeit,
und er befindet sich im Paradies, ohne dort zu sein.

30. April

Ich habe gesagt, ich wolle Ihn lieben:
Ich lüge, dies bin nicht mehr ich.
Er allein ist es, der mich liebt:
Er ist, und ich bin nicht mehr.
Mehr aber bedarf ich nicht,
nur das, was Er will.
Fülle ist Er,
und davon bin ich erfüllt.
Darin besteht der göttliche Kern
und aufrichtige Liebe.

Mai

Gertrud die Grosse von Helfta
(1256–1301/02)

Sie ist hochintelligent, wissensdurstig, lernbegierig. Sie lebt in einem für sie augenscheinlich idealen Umfeld: im Marienkloster zu Helfta bei Eisleben. Das Kloster verfügt über eine ausgezeichnete Bibliothek. Die Wissenschaft erfährt eine sorgfältige Pflege. Die Klosterschule unter der Lehrerin Mechthild von Hackeborn (s. Mechthild von Hackeborn, Texte für den Februar) genießt einen hohen Ruf. Ein bildungshungriges Mädchen ist hier wohl gut aufgehoben. Über dieses Mädchen, über Gertrud, wissen wir nur wenig. Ihr vollständiger Name und ihre Heimat sind unbekannt. Zumindest steht das Geburtsdatum fest: der Epiphaniastag, der 6. Januar 1256.

Gertrud kommt bereits als kleines Kind in das Kloster. Das ist durchaus üblich. Vornehme Familien bestimmen eines oder sogar mehrere ihrer Kinder für das geistliche Leben. Die Gewissheit tut gut, dass jemand für das Seelenheil aller Verwandten betet. Die Kosten, die beim Eintritt zu entrichten sind, belaufen sich niedriger als bei der Mitgift anlässlich einer Heirat. Der geistliche Stand genießt hohes Ansehen. Übergibt man die für das Kloster bestimmten Mädchen und Jungen schon ganz früh der Aufsicht von Nonnen und Mönchen, gewöhnen sie sich leichter an die Lebensform im Konvent. Sie werden kaum das spätere Gelübde verweigern. Manche dieser nachherigen Nonnen empfinden ihr Los als durchaus glücklich. Bei einer guten Leitung eröffnen sich oft Bildungschancen, die »draußen« häufig nicht so leicht zu erringen sind. Wenn darüber hinaus die Gemeinschaft sich harmonisch aufeinander einstimmt, mag manche Nonne mit keiner Frau »in der Welt« tauschen.

Zunächst scheint auch Gertrud sich wohl zu fühlen. Großen Eindruck hinterlässt bei dem nun vierzehnjährigen Mädchen die Begegnung mit der bedeutenden Mystikerin Mechthild von Magdeburg (s. Mechthild von Magdeburg, Texte für den Dezember). Gertrud bewundert die ungefähr 60-jährige Frau. Sie bringt eine Atmosphäre von »draußen« mit, hat sie doch lange alleine oder in einer lockeren Gemeinschaft in der Stadt gelebt. Die Nonnen lernen von ihr, lassen sich inspirieren. Ob Gertrud sich bereits jetzt entscheidet, später einmal selbst zu schreiben?

Irgendwann trübt sich das ideale Bild: Gertruds Klosterdasein verläuft nicht mehr so reibungslos. Es entwickeln sich Konflikte. Trotz des hohen Bildungsniveaus scheint Neid auf die begabte Mitschwester im Spiel zu sein. Sie selbst gibt zu, dass sie schnell ungeduldig, ja, zornig wird, wenn jemand sich geistig als nicht so wendig erweist, wie sie selbst es ist.

Die junge Nonne wählt sich Katharina von Alexandrien zum Vorbild (hingerichtet um 306), die fünfzig Philosophen widerlegt haben soll. Doch sie beginnt ihrem Wissensdurst zu misstrauen. Verträgt er sich mit einer Frauen zustehenden Demutshaltung? In der mystisch geprägten Klosteratmosphäre erfährt Gertrud Schauungen, Visionen. Christus erscheint ihr. Erschrocken meint sie, sie verdiene diese Gnade nicht. Viel zu wenig habe sie sich um das geistliche Leben gekümmert. Sie habe es nicht höher eingeschätzt als den Knoblauch und die Zwiebeln draußen im Gemüsegarten. Allmählich beginnt sie mit Christus zu theologisieren. Aus diesen Gesprächen entspringen die Werke, die der Autorin später den Titel »die Große« einbringen; die »Geistlichen Gespräche« (»Exercitia spiritualia«) und der »Gesandte der göttlichen Liebe« (»Legatus divinae pietatis«). Aus ihrer Feder stammt nur der zweite Teil des »Gesandten«. Den dritten, vierten und teilweise den fünften Teil diktiert sie. Den Anfang und Ergänzungen für den Abschluss fügen Mitschwestern nach ihrem Tod hinzu. Gertrud hat aus Demut darauf verzichtet, ihre Schriften eigenhändig niederzuschreiben. Das ist zu bedauern. An die sprachliche Dichte, die lyrische Beschwingtheit und den Bilderreichtum des zweiten Teiles reichen die übrigen Kapitel nicht heran.

Gertruds Erwachsenendasein ist von ständig wiederkehrenden Krankheiten und Schwächezuständen gepeinigt. Sie vereinsamt. Vermutlich pflegen ihre Mitschwestern sie nicht immer sorgfältig genug. Vielleicht spielen immer noch Neid und Missgunst eine Rolle. Vielleicht sind die Charaktere einfach zu unterschiedlich, um Vertrauen wachsen zu lassen. In dieser Situation empfindet Gertrud Christus als ihren einzig zuverlässigen Beistand.

Das Todesdatum Gertruds ist nicht bekannt. Sie stirbt 1301 oder 1302. Manchmal wird der 13. November angegeben. Das ist allerdings sehr unsicher. Ihr Heiligentag datiert auf dem 17. November. Ihre Sprache und ihre der Schöpfung entliehenen Gottesbilder lassen sie jedoch zu einer guten Begleiterin für den Mai werden.

Zum Weiterlesen:

Lobpreis der göttlichen Gnade. Aus den Schriften der heiligen Gertrud von Helfta, Leipzig 1991 (Benno)

1. Mai

Mein einziges Heil,
mein einziges, mein wahres Gut,
sei mir willkommen!
Mein Herr,
ich unwürdiges Geschöpf habe nichts vorbereitet,
das Deiner göttlichen Erhabenheit angemessen wäre.
Ich biete Dich mir selber an,
mein ganzes Wesen,
mein ganzes Sein,
ich flehe Dich an und begehre,
Du mögest Dir selbst in mir bereiten,
was Deine göttliche Güte auf das Höchste erfreut.

2. *Mai*

So hast Du an mir gehandelt, Gott,
und meine Seele geweckt:
An einem Tag zwischen Ostern und Himmelfahrt
betrat ich den Hof und setzte mich an den Fischteich.
Der liebliche Platz zog mich an,
er gefiel mir: das klare vorüberfließende Wasser,
die umstehenden Bäume in lichtem Grün und die Vögel,
besonders die Tauben, die so frei umherflogen.
Da begann ich im inneren Herzen zu überdenken,
was ich wohl für mich daraus entnehmen könnte,
eben weil die Anmut des Platzes so vollkommen schien.
Und als ich alles im Herzen bewegte,
da hatte ich nur ein Verlangen:
hätte ich einen Freund, liebenswürdig und gesellig,
vor allem aber voller Verständnis,
der auf mich und meine Not im Herzen eingehen würde;
dieser liebe Freund wäre mir Trost in meiner Einsamkeit.
Am Abend, vor dem Schlafengehen, fiel mir urplötzlich
jene Stelle im Johannes-Evangelium ein, in der es heißt:
»Wenn jemand mich liebt, wird er mein Wort halten,
und mein Vater wird ihn lieben, und wir werden zu ihm
kommen und bei ihm Wohnung nehmen.« (Joh. 14,23)

3. *Mai*

Ich bitte Dich, mein Gott,
dass ich,
nachdem ich die äußeren Geschäfte
in vollkommener Weise zu Deinem Lob verrichtet
habe,
sogleich ganz zu Dir
in mein Innerstes zurückkehre,
so wie der ungestüme Strom nach Entfernung
des Hindernisses
in die Tiefe stürzt.
Lass mich auch in Zukunft in meinem Eifer für Dich
nicht nachlassen.

4. Mai

Gott,
Du glückliches
und reich machendes Land,
reich an Glück,
Garten der Seligkeiten.
Vorzüglicher Balsam der Gottheit,
überallhin breitest Du Bäche der Liebe aus
und grünst und blühst in Ewigkeit.

5. *Mai*

Gott spricht:
»Ein guter Vater,
der seine Kinder um sich spielen
und zuweilen im Scherz miteinander streiten sieht,
übergeht das manchmal und lacht.
Wenn er aber sieht,
dass sich der eine
gegen den anderen erhebt,
wird er sofort aufstehen.
So tue auch Ich.«

6. *Mai*

Christus, es überwiege, ich bitte Dich darum,
die Größe Deiner Liebe,
auf dass das Missverhältnis
zwischen Deiner und meiner Anmut und Schönheit
mich nicht fernhalte von Dir.
Gib mir durch Deine unerforschliche Weisheit,
dass ich vorsichtig alles vermeide,
wodurch ich die Augen Deiner Reinheit
verletzen könnte.

7. *Mai*

Sei gegrüßt, Du mein Licht und mein Heil.
Danken soll Dir alles,
was wir unter dem Himmel bestaunen,
was die Breite der Erde und die Tiefe
des Abgrunds umschließt,
dass Du mich mit jener ungewöhnlichen Gnade
dahin geführt hast,
das Innere meines Herzens zu erkennen
und zu betrachten.
Hatte ich mich doch vorher
nicht mehr darum gekümmert
als etwa um das Innere meiner Füße.
Dann aber fühlte ich erschüttert vieles
in meinem Herzen,
was Dich in Deiner unsagbaren Reinheit
verletzen würde,
spürte ich,
dass mein ganzes Inneres
so ungeordnet und ungeregelt war,
dass es Dir keine Bleibe bieten könnte,
wenn Du darin wohnen wolltest.

8. *Mai*

Ein Kranker,
der nur mit fremder Hilfe zu dem ihm
lieben Sonnenlicht geführt wurde,
kann bei Ausbruch eines Unwetters
allein durch die Hoffnung getröstet werden,
dass der heitere Himmel zurückkehrt.

9. *Mai*

Was hilft mir das Zögern?
Selbst wenn ich mich tausend Jahre
mit aller Kraft abmühe,
so kann ich mich dennoch nicht würdig genug
auf das Sakrament vorbereiten,
denn aus mir selbst habe und vermag ich gar nichts.
Ich will meinem Herrn und Gott
mit Demut und mit Vertrauen entgegengehen.
Wenn Er mich so ankommen sieht,
wird Er in Seiner allmächtigen Liebe
mir alles entgegenschicken,
dass ich würdig vorbereitet
und geschmückt vor Ihn treten kann.
Du gabst mir gütig zur Antwort:
»Wer mit solcher Gesinnung herantritt,
der kann niemals unehrerbietig kommen.«
Dafür sei Dir Lob und Preis in alle Ewigkeit.

10. Mai

Christus spricht:
»Wenn einem Leser dieses Buches die Schrift zu klein
und schwer zu lesen erscheint,
dann nimmt er eine Brille,
durch die die Schrift vergrößert wird;
das geschieht aber nicht vonseiten des Buches,
sondern durch die Brille.
So ersetze Ich aus dem Übermaß Meiner Liebe,
was ich an Dir Unvollkommenes finde.«

11. Mai

Ich fand in einem Gebetbuch folgende Worte:
»Herr Jesus Christus, Sohn des lebendigen Gottes,
gib mir, mit ganzem Herzen, mit aller Sehnsucht
und dürstender Seele nach Dir zu streben.
Gib mir, in Dir, dem Zärtlichsten
und Mildesten, auszuruhen.
Gib mir, mit der ganzen Kraft meines Geistes
und meines inneren Wesens
nach Dir beständig zu verlangen,
Du wahre Glückseligkeit.
Gib mir, barmherzigster Herr,
dass alles Erschaffene mir wertlos und unwichtig wird;
gib mir, dass Du allein mein Herz erfüllst.«
Dieses kleine Gebet nahm ich dankbar auf,
und ich bemühte mich,
es häufig mit innerer Andacht zu beten.
Und Du, der niemals das Rufen
der Demütigen verachtet,
Du warst bei meinem Beten
und hast es wirksam gemacht.

12. Mai

Christus spricht:
»Ich bin das wahre Heil
und das wahre Leben der Seele.
Ohne Unterlass hungere und dürste Ich
in jedem Menschen nach dessen Heil.
Daher wird der Mensch,
der sich bemüht,
einige erbauliche Worte der Heiligen Schrift zu lesen,
Meinen Hunger durch angemessene Speise stillen.
Und wenn dieser Mensch
die Schrift liest mit dem Wunsch,
die Gnade der Zerknirschung
oder der Andacht zu erlangen,
dann stillt er Meinen Durst
mit einem Becher süßen Weines.
Und der Mensch, der versucht,
am Tag wenigstens eine Stunde für Mich frei zu sein –
mit allen seinen Geisteskräften –,
der bereitet Mir eine gastliche Aufnahme.«

13. Mai

In Deiner großen Güte
zeigtest Du Dich wegen meiner Vergehen
mehr beunruhigt als zornig.
Oft habe ich meinen Geist umherschweifen lassen –
in weltlichen Dingen –,
um mich zu erfreuen.
Und, ob ich nun nach Stunden, nach Tagen
oder – zu meinem Schmerz –
nach Wochen zu meinem Herzen,
zu mir selbst zurückkehrte,
immer habe ich Dich gefunden.
Du hast Dich mir niemals entzogen;
von der ersten glücklichen Stunde an bis jetzt.

14. Mai

Gib mir, mich in Hinkunft häufiger
Dir so innig zuzuwenden,
wie Du es mir gegenwärtig gewährst.
Führe mich zu jener Vollendung,
die allein Deine Gegenwart schenkt.
Ich rühme Dich und preise Dich
für diese Gnade,
die aus Deiner unerschaffenen Liebe hervorströmt.

15. Mai

Du milder, heilender, helfender Gott,
Du schenkst Ströme Deiner Güte, Deiner Liebe
allen an jedem Ort,
zu jeder Zeit
bis in Ewigkeit.
Du bist wie ein
ewig grünender, duftender Blütenbaum,
der ein Abbild ewiger Schönheit ist.

16. Mai

Tägliches Leben

Durch das Essen stärkt und erhält
der Mensch den ganzen Körper,
am Geschmack der Speisen
aber erfreut sich allein der Mund.

Es gibt Menschen, die um Gottes willen
guten Menschen gern helfen und nützen,
aber die Fehler der Schlechten
und Unvollkommenen
umso härter verurteilen
und so durch Ungeduld mehr verletzen als bessern.

Allzu große Nähe hindert manchmal,
dass Freunde sich gegenseitig klar erkennen.

17. Mai

Ich richtete meine ganze Aufmerksamkeit auf Gott.
Ich erkannte,
meine Seele war dem Herren nahe,
so wie sorgsam am Feuer erweichtes Wachs
dem Prägsiegel nahe gebracht wird,
um den Eindruck zu prägen.
Meine Seele schien Gott zu umfassen,
sie schien von dem ergriffen,
in dem leibhaftig wohnt die Fülle der Gottheit,
die strahlende und ewig in sich ruhende Harmonie
der Dreifaltigkeit.
Mein Gott,
Du verzehrende Kohle,
Du lebendiges, läuterndes, prägendes Feuer.
Du bist unauslöschlich.

18. Mai

Gott spricht:
»Ein Lehrer wird von Menschen,
die verschiedene Sprachen sprechen, befragt;
antwortete er allen in nur einer Sprache,
so würde das dem Einzelnen wenig nützen.
Wenn er aber jedem in seiner
je eigenen Sprache Antwort gibt,
so wird seine Weisheit umso klarer offenkundig.
Und je unterschiedlicher und individueller
Ich Meine Gaben einer jeden zuteile,
desto mehr eröffnet sich die Tiefe
Meiner unauslotbaren Weisheit.«

19. Mai

Gebet nach Psalmworten

Mein Gott! Mein Gott!
Zu Dir erwache ich frühmorgens.

Es dürstet nach Dir meine Seele,
wie sehr verlangt mein Leib nach Dir.

In diesem weg- und wasserlosen Lande
erscheine ich vor Dir im Heiligtum,
um Deine Macht und Herrlichkeit zu schauen.

Wie der Hirsch verlangt nach den Wasserquellen,
so verlangt meine Seele nach Dir, o Gott.

Meine Seele dürstet nach Gott,
dem Starken, dem Lebendigen.

Wann darf ich kommen und erscheinen
vor Gottes Angesicht?

20. Mai

O Liebe, Dich schauen heißt
in Gott verzückt werden.
Dir anhangen heißt,
hochzeitlich mit Gott verbunden sein.
O klarstes Licht meiner Seele
und hellstrahlender Morgen,
nun werde Tag in mir
und leuchte in mir so auf,
dass ich in Deinem Licht das Licht schaue
und durch Dich meine Nacht sich in Tag verwandelt.
O mein teuerster Morgen,
alles, was Du nicht bist,
will ich aus Liebe zu Deiner Liebe
als nichts und eitel erachten.
Suche mich schon morgens bei Tagesabbruch heim,
auf dass ich in Dich sofort ganz umgestaltet werde.

21. Mai

Gott,
Du gabst mir ein:
Ich solle Deine überströmende Gnade
mit der Dankbarkeit,
die ich Dir schulde,
allein Dir zurückgeben,
wie wenn Wasser zurückströmt.

Ich solle durch eifriges Bemühen
um gutes Denken und Tun
grünen und blühen und wachsen
wie Bäume im Frühling.

Ich solle alles Irdische verachten
und im freien Flug wie eine Taube
das Himmlische erstreben.

Ich solle alle Sinne des Körpers
vom Lärmen der Außenwelt völlig lösen
und in meinem Geist frei sein nur für Dich allein.

22. Mai

Du bewundernswerte Allmacht
in Deiner unerreichbaren Höhe,
Du unerforschliche Weisheit
in Deiner unauslotbaren Tiefe,
Du Liebe in Deiner unermesslichen Größe.
Gott,
Du ewiger Sonnenstillstand,
Du sichere Wohnung,
Du Ort allen Glücks,
Du ewiges Paradies.
Du bist wie ein Strom unschätzbarer Freuden.

23. *Mai*

Gott spricht:
»Seit dem Beginn der Erschaffung
von Himmel und Erde
habe Ich Mich im gesamten Erlösungswerk
mehr auf die Weisheit der Güte
als auf die Macht der Majestät gestützt.
Diese Güte der Weisheit
zeigt sich besonders im Ertragen
der Unvollkommenheiten,
bis Ich sie durch den freien Willen
auf den Weg der Vollkommenheit führe.«

24. Mai

Gott spricht:
»Je unwürdiger der Mensch ist,
zu dem ich Mich herniederbeuge,
mit desto größerer Ehrfurcht
werde Ich von allen Geschöpfen
mit Recht gepriesen.«
Der Abgrund der unerschaffenen Weisheit
rufe den Abgrund der
bewunderungswürdigen Allmacht
zum Lobpreis der so staunenswerten Güte,
die aus dem Überfluss Deiner Barmherzigkeit
tief in das Tal meines Elends geflossen ist.

25. Mai

Fehler der Mitmenschen

Ein Mensch soll jener Person,
deren Nachlässigkeiten er beseitigen will,
ein freundliches Gesicht zeigen.

Zum zweiten: Er soll sich davor hüten,
dass er nicht anderen Ortes
diese Nachlässigkeiten erwähnt,
wo er weder Besserung jener schuldigen Person
erhoffen kann
noch dass die Zuhörenden zur Vorsicht
ermahnt werden.

Zum dritten: Er soll niemals aus menschlicher
Furchtsamkeit schweigen,
wenn sein Gewissen sagt,
dass etwas gebessert werden muss,
sondern er soll Gelegenheit suchen,
um liebevoll und förderlich
zur Ablegung des Fehlers zu wirken.

26. *Mai*

»Stell Dir vor«, spricht Gott,
»Du hättest eine wohlklingende
und biegsame Stimme
und große Freude am Singen;
stell Dir weiter vor,
Du stehst neben jemandem,
der eine raue und misstönende Stimme hat
und der aller Anstrengung zum Trotz
kaum einen Ton herausbringt:
Wärst Du nicht ungehalten darüber,
dass er nicht Dir, der zum Gesang Prädestinierten,
das überlässt, was er selbst kaum
mit Mühe hervorbringt?
So wartet Mein göttliches Herz,
das alle Schwachheit und Unbeständigkeit
des Menschenherzens genau kennt,
mit unendlichem Verlangen darauf,
dass Du Ihm, wenn nicht durch Worte,
dann durch ein Zeichen,
all das zur Vollendung überlässt,
was zu vollbringen Dir die Kräfte fehlen.«

27. Mai

Gott spricht:
»Der Sonne habe Ich so große Kraft gegeben,
dass aus fleckig gewordenem weißen Leinen
durch die Kraft ihrer Strahlen
die Flecke verschwinden
und es in seiner früheren Reinheit leuchtet.
Und Ich,
der Ich der Schöpfer der Sonne bin,
sollte die Seele durch Meine Barmherzigkeit
nicht von der Sünde und Gleichgültigkeit
unbefleckt bewahren können?
Ich sollte in der Seele
durch die Kraft Meiner erbarmenden Liebe
nicht jeden Makel tilgen können?«

28. *Mai*

Gott ist durchaus zufrieden damit,
wenn ein Mensch von Herzen
die größtmögliche Sehnsucht nach Gott wünscht.
Dieser Wunsch gilt vor Gott,
als hätte der Mensch diese Sehnsucht wirklich.
Und Gott hat größere Freude
an einem solchen sehnsuchtsvollen Menschen,
als je ein Mensch haben kann
an blühenden, duftenden Frühlingsblumen.

29. *Mai*

Wenn ein Mensch es manchmal unterlässt,
aus menschlicher Schwachheit
seine ganze Aufmerksamkeit
und sein Wollen Gott zuzuwenden,
so wird Gottes gütige Barmherzigkeit
es dennoch nicht versäumen,
alle unsere Werke einer ewigen Belohnung
zu würdigen,
so der Mensch seinen Willen
nicht von Gott abwendet
und alles, was er gefehlt hat
und weshalb sein Gewissen ihn quält,
von Herzen bereut.

30. *Mai*

So wie der Herr meine Seele wie Wachs
am Feuer geprägt hatte,
so nahm Er sie nun gleichsam wie flüssiges Wachs
durch Seine wunderwirkende Kraft
in die göttliche Schatzkammer auf.
Und meine Seele blieb dort,
trunken, von unaussprechlicher,
unfassbarer Liebe gehalten.

31. *Mai*

Mein Gott, Du bist die Vollendung
und das letzte Ziel alles Guten.
Du liebst bis zum Ende, was Du erwählst.
Gottheit, am Ende der Zeiten bist Du
nach allen Seiten hin ausgegossen.

Gott wird alles in allem sein.

Juni

Katharina von Siena
(1347–1380)

Katharina von Siena

Wir schreiben das Jahr 1376. Eine seltsame Gruppe zieht durch die Tore der französischen Stadt Avignon: Frauen und Männer jeglichen Alters, Gebildete und Angehörige der so genannten »unteren Schichten«. Eine Frau geht an ihrer Spitze. Sie reißt die anderen mit. Die kleine Gemeinschaft fordert: Wir wollen vom Papst empfangen werden. Dazu gehört schon einiges …

Wer sind diese Menschen, die so entschlossen vorgehen? Sie nennen ihren Zusammenschluss »famiglia« – »Familie«. Hergezogen sind sie aus Italien. Dort mischen sie sich ein, wenn Konflikte zu eskalieren drohen – etwa zwischen den verschiedenen Stadtstaaten. Notfalls tauchen sie an Ort und Stelle auf mit ihrem Losungswort »Pace« – »Frieden«. Nun also sammeln sie sich in Avignon. Seit 1309 residiert hier der Papst. Er findet in diesem Exil größere Sicherheit als in Rom, wo sich adlige Sippen einen erbitterten Kampf liefern. Er zahlt allerdings einen Preis: die Abhängigkeit vom französischen König. Die »famiglia« fordert: der Papst soll nach Rom zurückkehren und sich in Italien für den Frieden engagieren.

Die junge Frau, die die Gruppe anfeuert und inspiriert, heißt Katharina Benincasa, später besser bekannt als Katharina von Siena. Es hat sie harte Kämpfe gekostet, bis sie hier in Avignon und anderswo in das kirchliche und politische Leben einzugreifen vermag.

Katharinas Eltern reagieren entsetzt, als ihre 1347 geborene jüngste Tochter eine »gute Partie« ausschlägt. Sie schert sich nicht darum, was in der Wollfärberfamilie

Benincasa für sie beschlossen wird. Sie will nicht heiraten. Sie verschanzt sich in ihrem Zimmer, richtet es sich wie eine Klosterzelle her und ernährt sich nur noch von Gemüse. Sie weiß sich mit Christus »verlobt«. Nach einiger Zeit gibt sie das zurückgezogene Leben auf. Doch aufatmen können ihre Eltern nicht. Katharina möchte vielmehr, dass sie alles daransetzen, um sie bei den »Mantellatinnen« unterzubringen. So nennt sich ein Zusammenschluss von Frauen, die sich um Kranke und Gefangene kümmern. Katharina verbindet sich damit mit dem dritten dominikanischen Orden. Dazu gehören Menschen, die sich den Idealen der Dominikanerinnen und Dominikaner verpflichten, jedoch nicht ihr Leben in einem bestimmten Kloster verbringen müssen.

Katharina schreitet auf ihrem spirituellen Weg weiter: Sie sammelt die »famiglia« um sich. Mit ihr setzt sie sich vor Ort für Frieden und eine erneuerte Kirche ein. Darüber hinaus diktiert sie, die das Schreiben nicht gelernt hat, Briefe. Über 300 sind erhalten.

1374 überprüft der Dominikanerorden diese ungewöhnliche Frau auf ihre Rechtgläubigkeit hin. Ihre Anhängerinnen und Anhänger erwähnen es später möglichst nicht. Sie wollen ein ungetrübt harmonisches Bild von Katharina und ihrem Orden vermitteln.

Der Hauptwunsch der »famiglia« erfüllt sich: der Papst geht nach Rom zurück. Niemand hat es für möglich gehalten. Doch der Erfolg dauert nicht an. Der Papst, Gregor XI., stirbt. Heftige Auseinandersetzungen um die Nachfolge entbrennen. Schließlich erfolgt die Wahl von Papst und Gegenpapst. Einer residiert in Rom, der andere in Avignon.

Katharina schreibt sich Schuld an diesen Ereignissen zu. Hat sie sich nicht genügend eingesetzt, nicht intensiv genug gebetet? Sie grübelt, zermartert ihre Gedanken. Ihre Gesundheit leidet zunehmend. Dafür ist auch die kräftezehrende Reisetätigkeit verantwortlich. Vor allem zehren jedoch die »Versenkungen« an ihren Kräften: dabei erstarrt der Körper, Geist und Seele dagegen arbeiten mit aller Intensität. Ihre »famiglia« erlebt sie dabei im Zwiegespräch mit Gott. Der Körper leidet unter dieser extremen Anspannung. Zusätzlich schwächt sich Katharina durch Fasten.

Spannungsreich ist Katharinas schriftliches Werk: nachdenkliche, stille Gebete und Meditationen wechseln mit unduldsamen, in einem scharfen Ton gehaltenen Passagen ab. Eindringliche Bilder lösen aufgeregte, fast schrille Töne ab.

Es beeindruckt, wie Katharina, die keine Ausbildung genossen hat, zu lernen bereit ist. Ihr gelingt mit ihrer Hauptschrift »Der göttliche Dialog« ein eindrückliches Gespräch zwischen Gott und der Seele. Dieses Buch wird ihr den Titel einer »Kirchenlehrerin« eintragen.

Nur knapp über dreißig Jahre zählt Katharina, als sie 1380 in Rom stirbt. Die Heiligsprechung erfolgt 1461. Sie gilt als Patronin Italiens und Sienas. Ihr Heiligentag liegt auf ihrem Sterbedatum: dem 29. April.

Ihre »feurige« Sprache wirkt jedoch besonders eindrucksvoll in die Pfingstzeit hinein.

Zum Weiterlesen:
Caterina von Siena, Meditative Gebete, Einsiedeln 1980 (Johannes Verlag Einsiedeln)

1. Juni

O Gott, unauslotbare Liebe, ewiges Feuer!
Du bist das Feuer, das immer lodert,
erhabene, ewige Dreieinigkeit.
Du bist gerade ohne jede Winkelzüge.
Du bist lauter ohne jede Doppelzüngigkeit
und großmütig ohne jede Verstellung.
Richte das Auge Deines Erbarmens
auf Deine Geschöpfe!
Ich weiß: Dir ist die Barmherzigkeit zu eigen.
Wohin ich mich auch wende:
überall treffe ich Dein Erbarmen.
Deshalb eile ich und rufe laut
vor Deiner Barmherzigkeit:
Handle barmherzig an der Welt.

2. Juni

Gott spricht:
»Ich bin das Feuer, und Du bist der Funke.«
Macht es deshalb wie der Funke,
der zuerst aufsteigt und danach niederfällt:
die erste Regung unseres heiligen Verlangens
richte sich auf die Erkenntnis Gottes
und Seiner Ehre.
Dann, nachdem wir aufgestiegen sind,
kehren wir zurück zur Erkenntnis unseres Elends
und unserer Nachlässigkeit.
O wachet auf, Ihr Schläfer!
Und so werden wir demütig werden,
da wir im Abgrund Seiner Liebe uns wiederfinden.
O teure Mutter der Liebe:
Könnte doch keiner so verhärtet
und befangenen Sinnes sein,
dass er nicht erwachte und zerschmölze
vor solchem Liebesfeuer!

3. Juni

Welche Eigenheit hat die göttliche Liebe?
Immer zu wirken und nie zu erlahmen,
so wie der Wucherer die Zeit für sich wirken lässt:
schläft er, gewinnt er,
isst er, gewinnt er,
und was er auch tut, immer gewinnt er.

4. Juni

Im Lichte des Glaubens erlange ich Weisheit.

Im Lichte des Glaubens bin ich stark,
standhaft und beharrlich.

Im Lichte des Glaubens hoffe ich,
das lässt mich nicht schwach werden auf dem Weg.

Dieses Licht weist mir den Weg.
Ohne dieses Licht ginge ich in die Finsternis.

5. Juni

Offenbar will Gott nicht,
dass wir uns so sehr um Herrschaft
und weltlichen Besitz kümmern,
dass wir die Zerstörungen der Seelen
und das Missfallen Gottes nicht mehr sehen.

Gott will nicht,
dass man nach den Reichtümern der Welt,
nach ihrem Ruhm und Pomp schielt.
Denn Christus hat damit keine Gemeinschaft.

6. Juni

Bemüht Euch, in Wort und Tat zu beweisen,
dass Ihr Frieden wollt und nicht Krieg.

Allein durch Frieden ist der Krieg zu besiegen.

Güte, Liebe, Friede, das wird mehr helfen als Krieg.

7. Juni

O Du Narr der Liebe!
Hast Du denn Dein Geschöpf nötig?
Also scheint es mir, denn Du tust,
als könntest Du ohne es nicht leben
und bist doch selbst das Leben,
und jegliches Ding hat das Leben von Dir,
und ohne Dich lebt nichts.
Warum bloß bist Du so vernarrt?
Weil Du in Liebe zu Deinem Geschöpf erglühtest,
darum gefällst Du Dir
und ergötzest Dich an Dir selbst an ihm
und bist versessen auf sein Heil,
es entflieht Dir,
und Du machst Dich auf die Suche nach ihm,
es entfernt sich,
Du aber näherst Dich ihm.

8. Juni

Tägliches Leben

Euer Leben sei in den Augen der Weltleute immer
beispielhaft,
den Sitten der Welt nicht angepasst.

Wer nichts Gutes wirkt,
tut eben damit schon Unrecht.

Feigheit ist es, etwas zu beginnen
und es nicht zu Ende zu führen.

9. Juni

Wenn man die Wunde, wenn sie da ist,
nicht mit dem Feuer brennt
oder mit dem Eisen schneidet,
sondern nur Salbe darauf streicht,
gereicht ihr das nicht zur Heilung,
sondern sie fault immer ärger.
Warum verwendet jemand so viel Salbe?
Damit keine Pein an ihn komme,
damit ihn durch die Salbe,
die man den Kranken auflegt,
keinerlei Ungemach belaste, noch Missmut,
denn er hat nichts gegen ihren Willen getan,
da sie Salbe wollten und er sie ihnen verabreichte.
O menschliches Elend.
Wer nur auf die Bequemlichkeiten
und den eigenen Vorteil achtet,
und um ihn nicht zu verlieren
weder das Wasser der Gerechtigkeit
noch das Feuer der brennenden Liebe anwendet,
ist blind.

10. Juni

Seelenführung

Es ist viel besser,
einen demütigen Ungelehrten
mit heiligem Gewissen
um Rat für sein Seelenheil anzugehen
als einen hochmütigen Gelehrten.

Nie darfst Du aus der Selbsterkenntnis heraustreten.

Die Seele, die sich selbst erkennt,
nährt in sich die süße Frucht
der glühendheißen Liebe,
wenn sie die maßlose Güte Gottes
ihr gegenüber erkennt.

11. Juni

Weichen Sie Heimsuchungen und Mühen nicht
mehr feige aus, die Sie aushalten können.
Schauen Sie nicht mehr zurück!
Das würde heißen, dass man den Pfad der Tugend
zu gehen beginnt und dann sich wieder umdreht.
Nicht so will ich es, sondern wirkliche Ausdauer
bis zum Letzten!

Gott erfreue sich an wenig Worten,
doch an zahlreichen Werken.

12. Juni

Über die Kirche

Gott sagt über die Kirche:
»Sie ist in der Liebe gegründet und ist selbst Liebe.«

Über das Versagen der Kirche

Ach, wie sehr muss man sich schämen,
wenn man jene, die ein Vorbild
in freiwilliger Armut sein und das Kirchengut
an die Armen verteilen sollten,
in den Kostbarkeiten, im Pomp und in der Eitelkeit
der Welt schwelgen sieht.

13. Juni

Gott, deutlich hast Du uns
Deine grenzenlose Liebe gezeigt
durch zahlreiche Gnaden und Wohltaten,
die Du den Geschöpfen erwiesest,
und besonders durch die Wohltat
der Menschwerdung des Gottessohnes,
in der wir die höchste Hoheit
in solcher Niedrigkeit,
wie unsere Menschheit eine ist,
sehen.

14. Juni

Über die Zeit

Gott gab uns auch die Zeit,
denn ohne die Zeit könnte der Arbeiter
nichts ausrichten, aber in der Zeit,
das heißt, solange wir leben,
kann der Arbeiter die Erde umwenden
und Frucht bringen.

Gedenken Sie der Kürze der Zeit!
Sie wissen ja nicht, ob Sie den morgigen Tag
besitzen werden.

In der Zeit der Bitternis erkennt der Mensch
besser sich selbst und die Güte seines Schöpfers.

15. Juni

Hat die Seele mit dem Licht der
Unterscheidungskraft eingesehen,
in wessen Schuld sie steht
und was sie entrichten muss,
gibt sie es sofort in bester Unterscheidung.
So entbietet sie Gott Ehre und Seinem Namen Lob,
und alle Handlungen, die sie
mit Hingabe der Seele ausführt,
tut sie in diesem Licht,
so dass es auf dieses Ziel hin ausgerichtet ist.
So entbietet sie Gott die Ihm gebührende Ehre:
sie handelt nicht wie der einsichtslose Räuber,
der die Ehre für sich in Anspruch nehmen will
und auf der Suche nach eigener Ehre
und Befriedigung sich nicht scheut,
Gott Schmach und dem Nächsten
Schaden zuzufügen.

16. Juni

In dem, der sich selbst liebt,
lebt der verderbte Hochmut,
der Anführer und Anfang allen Übels ist,
in welchem Stand auch immer,
Vorsteher oder Untergebener.
Ich behaupte, dass wenn ein solcher Vorsteher ist,
er Schlechtes verübt aus Eigenliebe,
und weil er nicht in Ungunst der Menschen,
denen er durch Lust und Selbstsucht verbunden ist,
verfallen will; und darum stirbt in ihm
die heilige Gerechtigkeit:
Denn wenn er seine Untergebenen auch Unrecht und
Sünden begehen sieht, tut er,
als sähe er nicht und tadelt sie nicht.
Und wenn er sie tadelt, tadelt er mit
solcher Gleichgültigkeit und Lauheit des Herzens,
dass er nichts ausrichtet und das Laster
nur noch stärker befestigt, denn er fürchtet ständig
Missfallen zu erregen oder Widerstand
heraufzubeschwören, und all dies aus Selbstsucht.

17. Juni

Ich bitte Euch, nicht leichtfertig im Urteilen zu sein.

Ich bitte Euch, steht fest
und haltet aus in Eurem guten Beginnen.
Nichts soll Euch umstimmen.

Weiter bitte ich Euch,
das Herz in heiliger und wahrer Klugheit
reif werden zu lassen.

18. Juni

Liebe

Liebe lässt sich kein Gesetz und Maß vorgeben.

Nirgends besser als in uns finden wir
so viel göttliches Liebesfeuer.

Man kann nicht lieben, was man nicht kennt.

Nichts außer Gott ist der Liebe wert.

19. Juni

Die Seele achtet nicht auf etwaige Belohnung.
Einzig, weil sie die Liebe Gottes
zu Seinen Geschöpfen sieht, macht es ihr Freude
zu lieben, was Er liebt.
So kann man also mit Recht sagen,
dass ein solcher Mensch Feuer ist,
das wärmt und hellt und zu sich zurückkehrt.
In diesem Feuer werden die drei Fähigkeiten
der Seele eins: das Gedächtnis,
um sich der Wohltaten Gottes zu erinnern,
der Verstand, um Seine Güte zu erkennen,
der Wille, um nichts anderes mehr
als Ihn zu lieben und zu verlangen.
All sein Tun ist auf Gott gerichtet.

20. *Juni*

Wie sehr wünschte ich,
Sie möchten sich vom Schlaf der Lauheit erheben!
Wer schläft, sieht nichts und hört nichts.
Und doch ist es notwendig,
klar zu sehen und zu hören.
Nähren Sie sich mit der Liebe,
dieser süßen Mutter!
Sie wird Ihnen alle Menschenfurcht
und Kleinmut nehmen und Ihnen Starkmut,
Weite und Herzensfreiheit schenken.
Sie wird Sie, so in Gott gefestigt und geformt,
mit Ihm vereinigen. Er ist ja die Liebe.

21. Juni

Sommeranfang

Wie neu gepflanzte Schösslinge
dank ihrer natürlichen Anlage,
die von Dir, Gott, stammt,
wohlriechendere Blüten
und köstlichere Früchte hervorbringen,
so sei es auch mit den Menschen.
Dir sollen sie süßen Duft spenden
und der heiligen Kirche die Anmut
tugendhafter Taten und fruchtbaren Wirkens.

22. Juni

Wenn Ihr mir einwendet:
»Hat denn der Mensch in diesem Leben
gar keine Herrschaft?«, so antworte ich:
Doch, er hat eine, die angenehmste
und gefälligste und beständigste von allen Dingen,
die sind, und dies ist: die Stadt unserer Seele.
O, gibt es Größeres und Erhabeneres,
denn eine Stadt zu besitzen, in der Gott wohnt,
der alles Gute umfasst, in dem sich Friede,
Ruhe und jeglicher Trost findet?

23. Juni

Gott spricht:
»Der eine kann dies, der andere jenes,
so dass einer sich in seiner Not
an den anderen halten kann.
Deshalb siehst Du, dass der Baumeister
den Handwerker braucht und dieser den Baumeister,
jeder ist auf den anderen angewiesen,
weil der eine nicht zu tun vermag,
was der andere kann.
Keiner kommt ohne den anderen aus,
und so verhält es sich in allem.«

24. Juni

Dein Licht, Gott,
macht sichtbar,
was sich an Gutem erkennen lässt.

Wer in jenem sanften Licht lebt,
ist stets in Frieden und Ruhe.
Und niemand gibt ihm Anlass zum Ärgernis.

25. Juni

Gott, Du willst,
dass wir Dir auf Deine Weise dienen.
Du führst uns auf verschiedenen Weisen und Wegen.
Deswegen gibst Du heute kund, dass wir das Innere
des Geschöpfes keineswegs nach
den Taten beurteilen können und dürfen,
die wir von außen sehen.
Wir müssen vielmehr in allen
Deinen Willen aufspüren.
Die Seele freut sich, weil sie in Deinem Licht
das Licht der unterschiedlichen Weisen
und Wege sieht, die in ihnen sichtbar sind.

26. Juni

Wer in der Verkehrtheit der Sünde gefesselt liegt,
ist wie einer, der keiner Bewegung fähig ist,
da ihm Hände und Füße gebunden sind.
So sind auch der Seele die Hände gebunden,
dass sie nichts wirken kann für Christus.
Sie kann nicht in Zuneigung ihre Füße bewegen,
um in der Gnade ein gutes Werk zu tun.
Ach, wie furchtbar wirkt die Sünde in der Seele.
Sie raubt ihr alle Werte und gibt ihr dafür alle Übel!
Statt Leben Tod, statt Licht Finsternis,
statt Herrschaft Knechtschaft.
Denn wer sich der Sünde hingibt,
wird zu ihrem Knecht und Sklaven.

27. Juni

Jedes vernunftbegabte Geschöpf hat einen Weinberg,
das ist der Weinberg seiner Seele,
in welchem der Wille mit seiner
freien Entscheidungskraft in der Zeit Arbeiter ist.
Ist die Zeit vorbei, kann keine Arbeit
mehr verrichtet werden,
weder eine gute noch eine schlechte.

28. Juni

Welche Verblendung des Menschen!
Siehst Du denn nicht, wie alles veränderlich,
voll von Elend, hässlich und ohne allen Wert ist,
was Du für bleibend und wurzelfest, für liebenswert,
schön und trefflich hältst?
Zwar nicht wegen der Geschöpflichkeit an sich,
da alles von Gott, dem höchsten Gut,
geschaffen ist,
sondern durch die maßlose Anhänglichkeit,
mit der Du an ihnen hängst.
Wie schwankend ist doch Reichtum und Ehre
der Welt, wenn sie einer ohne Gott,
das heißt ohne Gottesfurcht, besitzt.
Heute reich und mächtig, morgen arm!
Das Leben und die Schönheit der Jugend gehen
vorbei wie die Anmut einer gepflückten Blume.
Niemand vermag all die Schönheit zurückzuholen
und zu erhalten. Sie fällt dahin,
wenn es dem ewigen Richter gefällt,
die Blüte des Lebens zu pflücken.
Und niemand weiß um das Wann.

29. Juni

Die stolzen Gelehrten wälzen viele Bücher
und schmecken darin nur den Buchstaben,
nicht das Mark der Schrift,
weil sie sich des Lichtes beraubt haben,
in welchem die Heilige Schrift verfasst ist
und erklärt wird.
Sie wundern sich deshalb und beginnen zu murren,
wenn sie sehen, dass viele in der Schrifterkenntnis
Unerfahrene und Ungebildete dennoch
an Einsicht der Wahrheit so erleuchtet sind,
als hätten sie sie lange Zeit studiert.
Das ist durchaus kein Wunder,
weil sie den eigentlichen Quell jenes Lichtes besitzen,
woraus die Wissenschaft stammt.

30. *Juni*

Wer könnte Deiner Größe etwas beifügen,
Gott, und Dir Dank erstatten
für solch übermäßige Gaben und große Wohltaten,
die Du mir schenktest, für die Lehre der Wahrheit,
die Du mir gabst?

O Mensch mit Deiner Krämerseele,
was hat Dein Gott Dir nicht überlassen?

Juli

Birgitta von Schweden
(1302/03–1373)

Birgitta von Schweden

Was für ein Gesprächsthema! Pilgerinnen und Pilger bringen es aus Rom nach Schweden mit: Birgitta, einst eine wohlhabende Gutsbesitzerin, steht in der Heiligen Stadt auf einem Kirchplatz und bettelt. Nicht zu fassen!

Birgitta selbst interessiert der Klatsch nicht. Zu lang ist der Weg gewesen, den sie zurückgelegt hat. Auf ihm hat sie gelernt, Wichtiges von Unwichtigem zu unterscheiden. Das bahnt sich bereits in ihrer Kindheit an.

Vermutlich im Jahr 1302 wird sie in Finstadt, in der Nähe von Uppsala, geboren. Die Familie lebt in guten Verhältnissen. Jedoch überschattet der frühe Tod der Mutter die Kindheit. Birgitta setzt sich Wertmaßstäbe. Sie will sich in der Kirche engagieren und als Ordensfrau leben. Doch es kommt anders. Der Vater plant eine Heirat für sie. Dem kann sie sich schwer entziehen. Mit dreizehn Jahren ist sie schon mit Ulf Gudmarsson verehelicht. Die Beziehung gestaltet sich durchaus harmonisch. Birgitta leitet in ihrem Bereich den Gutsbetrieb, erzieht die acht Kinder, steht einem Krankenhaus vor. Aber ihre früheren Träume vergisst sie nicht. Vielleicht zeichnet der Verzicht darauf dieses Herbe und etwas Schwermütige in ihr Wesen ein.

Als die Kinder aus dem Gröbsten heraus sind, tritt sie mit ihrem Mann eine Pilgerreise nach St. Jakob in Santiago de Compostela an, in den Jahren 1341–1342. Die Eindrücke in Frankreich, das sie durchwandern, prägen Birgitta tief. Sie sieht die Folgen des 100-jährigen Krieges, der zwischen Frankreich und England tobt. Sie nimmt entrüstet wahr, dass die Kirche sich nicht um Friedensvermittlung bemühen kann: der Papst residiert in Avignon, abhängig vom französischen König.

Zurückgekehrt nach Schweden beschließen Birgitta und Ulf Gudmarsson einen Doppelorden für Frauen und Männer zu gründen. Der Tod ihres Mannes zerstört Birgittas Klosterpläne im Jahr 1344 ein weiteres Mal. Tief deprimiert zieht sie sich in die Nähe des Zisterzienserklosters Alvastra zurück. Ihren Besitz verteilt sie unter ihren Kindern und an Arme. Langsam fängt sie sich wieder. Ihre Aufgaben nehmen klare Konturen an: sie will alleine für eine Ordensgründung kämpfen. Doppelklöster gibt es zwar durchaus schon. Aber Birgitta plant eine Besonderheit. Den Vorsitz wird nicht der Abt, sondern die Äbtissin führen als Repräsentantin Marias.

Sodann muss sie alles daransetzen, den Papst dazu zu bewegen, nach Rom zurückzukehren. Von hier aus soll er beginnen, die Kirche zu reformieren und als Friedensvermittler fungieren. Schweden erscheint ihr zu weit entfernt zu sein, um erfolgreich zu agieren. Birgitta zieht nach Rom. Eine kleine Gruppe sammelt sich um sie. Auch Gläubige aus ihrem Heimatland suchen immer wieder bei ihr Unterkunft, wenn sie die Heilige Stadt besuchen. Ja, und wenn das Geld aus Schweden nicht pünktlich eintrifft, dann bettelt Birgitta auch schon einmal, um den Unterhalt für ihre Gemeinschaft zu gewährleisten.

Der Aufenthalt gestaltet sich immer länger. Schwer hält Birgitta das Heimweh aus. Gut, dass sie nicht weiß, dass sie Schweden nie wiedersehen wird.

Mit unwahrscheinlich harten Worten ruft sie den Papst zu seinen Pflichten. Ihre Gerichtsworte erinnern an prophetische Appelle und Drohungen. Kurzzeitig kommt der Papst tatsächlich nach Rom, kehrt aber bald wieder nach Avignon zurück.

Birgitta arbeitet an ihrem Werk den »Himmlischen Offenbarungen«. Ihr Beichtvater unterstützt sie dabei. Interessant gestaltet sich die Rolle der Maria. Birgitta meint, durch Visionen und Auditionen am himmlischen Geschehen teilzunehmen. Sie hört Maria und Jesus über kirchliche und gesellschaftliche Probleme miteinander diskutieren. Birgitta versteht sich als ihr irdisches Sprachrohr. Das vermittelt ihr Stärke und Durchhaltekraft.

Die Ordensgründung gestaltet sich schwierig. In Schweden überließ der König ihr ein Schloss zu Vadstena. Sie plant, es in ein Doppelkloster umbauen zu lassen. Dies wird aber erst ihrer Tochter Katharina gelingen. Birgitta stirbt 1373 nach einer Reise in das Heilige Land. Katharina veranlasst ihre Überführung nach Vadstena. Sie betreibt auch die Heiligsprechung ihrer Mutter. Sie erfolgt 1391. Ihr Gedenktag wird am 23. Juli gefeiert.

Zum Weiterlesen:
Die Visionen der Heiligen Birgitta von Schweden, Augsburg 1989 (Pattloch)

1. Juli

Gott,
Du allein bist begehrenswert
ob Deiner großen Liebe,
Du allein bist liebenswert
ob Deiner großen Beständigkeit!
Darum sei Dir unaufhörlich
und ohne Ende
Lob und Preis
von Ewigkeit zu Ewigkeit!

2. Juli

Gott spricht:
»Ich bin wie ein großer und mächtiger König.
Einem König gebühren vier Dinge.
Zum ersten muss er reich sein,
zum zweiten milde,
zum dritten weise
und zum vierten liebreich sein.
Ich bin wahrhaftig der König der Engel
und aller Menschen.
Ich besitze auch jene vier Eigenschaften,
die Ich erwähnte.
Zuerst bin Ich sehr reich,
denn Ich gebe allen das Notdürftige,
und habe, nachdem Ich gegeben, nicht weniger.
Sodann bin Ich höchst milde, weil Ich bereit bin,
allen Bittenden zu geben.
Zum dritten bin Ich deshalb höchst weise,
weil Ich weiß, was einem jeden nötig ist und nützt.
Viertens bin Ich liebevoll,
weil Ich bereitwilliger bin zu geben,
als jemand bitten kann.

3. Juli

Du wirst fragen:
Weshalb werden die Worte Gottes
so unständlich geredet, dass sie auf verschiedene
Weise ausgelegt werden können,
zuweilen auch von den Menschen
anders verstanden werden?
Ich antworte: Gott ist einem Apotheker ähnlich.
Gleichwie ein Apotheker,
der gebranntes Wasser macht,
verschiedene Röhren hat,
in welchen durch die mitwirkende Hitze
die Wasser bald auf- bald abwärts steigen,
bis sie vollkommen werden,
also macht es Gott mit Seinen Worten.
Bisweilen steigt Er auf durch Seine Gerechtigkeit,
zuweilen wieder abwärts mittels der Barmherzigkeit.
Bisweilen steigt Gott durch den einfachen
und buchstäblichen Ausdruck Seiner Worte herab,
steigt aber wiederum hinauf
durch den geistlichen Verstand.

4. Juli

Sende in mich den Heiligen Geist,
den Geist der Heiligkeit,
der mein Herz erleuchte und stärke,
auf dem Weg Deiner Gebote zu wandeln,
dass ich in dem verharre,
was ich durch Deine Eingebung
als das Rechte erkannt habe,
und keine Versuchung mich
davon abzuhalten vermag.

5. Juli

Vorbilder

Heilige Vorbilder nützen mehr
als eine wortreiche Beredsamkeit.

Mehr als Worte
unterweist die Liebe des Lehrers
das Gemüt dessen,
der den Unterricht empfängt.

Der gute Mensch tut, was er lehrt,
damit die Hörenden durch sein Beispiel
gestärkt werden.

6. *Juli*

Gott spricht:
»Die zeitlichen Güter sind von Mir
dem Menschen deshalb gegeben und zugestanden,
damit der Mensch einen vernünftigen Gebrauch
davon mache, und das, was geschaffen worden,
in das Unerschaffene verwandelt werde,
nämlich in Mich, den Schöpfer,
indem man Mich wegen Meiner Güter preise
und ehre.«

7. Juli

Christus spricht:
»Ich gab Dir den Mund, um das zu sprechen,
was Mir zur Ehre gereicht.
Ich gab Dir Augen, um das Böse zu sehen,
das zu fliehen, und das Heilsame,
das zu bewahren ist.
Ich gab Dir Ohren, um zu hören,
was wahr und ehrbar ist.
Ich gab Dir Hände, um damit zu tun,
was für den Leib notwendig und für die Seele
nicht schädlich ist.
Ich gab Dir Füße,
damit Du von der Liebe zur Welt
Dich entfernen und hinwandeln möchtest
zur Ruhe und Liebe Deiner Seele,
sowie zu Mir, Deinem Schöpfer und Erlöser.«

8. *Juli*

Wenn jemand einem Könige ein großes Gewicht
an Silber anbieten wollte, so würde man sagen:
Das ist ein großes Geschenk.
Wenn er aber für den König ein Vaterunser betete,
würde er verlacht werden.
Bei Gott ist es entgegengesetzt.

9. Juli

Man soll die Nahrungsmittel wie Arzneien nehmen;
deshalb soll man beim Geschmack
zwei Stücke beachten, nämlich, dass weder zu viel,
noch zu wenig Speise genommen wird.
Nimmt man zu viele Speise, so wird man krank,
bei zu weniger Speisung wird man verdrossen
im Dienste Gottes.

10. Juli

Gott spricht:
»Wenn Ihr Menschen mit Eurem Verstand
Meine Macht nicht betrachten wollt,
so könntet Ihr doch mit Euren Händen
die Werke greifen, die Ich verrichtet habe.«

11. Juli

Über die Sünde

Halte keine Sünde für leicht.

Bittet, dass böse Begonnenes
in Gutes umgewandelt werde.

Wer sich an das Böse gewöhnt,
dem scheint das Böse gut zu sein.

Während die vernunftlosen Geschöpfe
ihre Schranken einhalten,
artet der vernunftbegabte Mensch aus.

12. Juli

Bei manchen Menschen erscheint das Handeln gut,
aber ihre Absicht und ihr Wille ist nicht gut.
Der Gerechte also,
welcher sich abzuwenden begehrt von der Sünde,
muss erforschen,
in welcher Meinung er ein gutes Werk tut.

13. Juli

»Der Mensch in dieser Welt
verehrt ein Götzenbild«, spricht Gott,
»weil er die Welt und was darin ist,
mehr liebt als Mich,
der Ich des Menschen Schöpfer bin.
Die Welt ist ihr Gott, aber nicht Ich.
Ich habe in Meinem Evangelium gesagt:
Wo der Schatz eines Menschen ist,
da ist sein Herz,
so ist des Menschen Schatz die Welt,
weil sein Herz nach der Welt sieht,
aber nicht nach Mir.«

14. Juli

Viele lehren, geben aber kein Beispiel;
diese sind diejenigen, welche ohne Mörtel
Steine in ihrem kalten Gemüte aufrichten
und bei herandringendem Sturme
schnell über den Haufen geworfen werden.
Obwohl sie nicht gut sein wollen,
begehren sie dennoch für gut angesehen zu werden,
und weil sie wünschen,
für lobwürdig gehalten zu werden,
obwohl sie nicht lobwürdig leben,
zeigen sie äußerlich Heiligkeit
und heucheln Gerechtigkeit,
welche sie keineswegs im Herzen haben,
und darum werden sie über dem Anschein
der erheuchelten Gerechtigkeit so stolz und verhärtet
wie ein Kieselstein.

15. Juli

Gott spricht:
»Wer in Meiner Liebe sein will,
muss zuerst anfangen, die Last zu wenden,
das heißt, er muss unternehmen,
durch seinen Willen und stete Begierde
Gutes zu tun;
dann muss er sie ein wenig
und allmählich aufheben,
er wird tun, was er kann, und dabei denken:
Das kann ich wohl tun,
wenn Gott mir Hilfe verleiht.
Verharrt er nun bei seinem Vorhaben,
so beginnt er mit solcher Behändigkeit das,
was ihm vorher schwer zu sein schien, zu tragen,
dass ihm alle Beschwernisse so leicht werden
wie eine Feder.«

Gott, Du herrschende Kraft und Jubel des Gemüts!

16. Juli

Man kann dem Teufel durchaus nicht nachsagen,
dass er den Menschen mit Gewalt ziehe,
sondern der Mensch selber kommt
seiner Bosheit zuvor.

Wer aber nach seiner Einsicht lebt,
wer sich der Eitelkeit der Welt
und der Neugierde entzieht,
wer nichts so sehr sucht wie Gott,
der hat klare Augen.

17. Juli

Ratschläge

Übt Sprechen und Antworten mit Vorbedacht.

Gebrauche Deine Zeit und Deine Kraft
auf eine vernünftige Weise.

Man soll nicht ansehen die Person,
noch ehren das Antlitz eines Reichen.

18. Juli

Christus spricht:
»Höre, wie vom Aufgang der Sonne
bis zum Niedergang das Herz
des Menschen begehrlich und hart ist
im Vergießen des Blutes der Mitmenschen!
Öffne Deinen Mund und frage,
wo denn die Verteidiger des Glaubens bleiben
und wo jene sich finden,
die gegen die Feinde Gottes kämpfen!«

19. Juli

Gott, siehe an das Vergießen unseres Blutes
und die Schmerzen und Tränen
der Ehefrauen und unserer Söhne.
Schau an unsere Hungersnot
und unsere Schmach,
unsere Wunden und Einkerkerungen,
das Abbrennen unserer Häuser
und die Gewalttätigkeiten
und die Schmach der Mädchen und Frauen.
Siehe an das Unrecht der Kirche
und des ganzen Klerus
und schaue die trügerischen Versprechungen
der Fürsten und Könige
und die Verrätereien und Erpressungen,
welche sie mit Zorn und Gewalt betreiben,
weil sie sich nicht um uns kümmern,
wie viele Tausende müssen sterben,
um ihre Herrschsucht zu befriedigen.

20. Juli

Gott spricht:
»Ich bin wie eine Henne und schütze Meine Jungen,
welche auf Meinen Ruf herbeieilen,
das heißt, die Beschattung mit
Meinen Flügeln begehren,
besonders vor den Fallstricken des Teufels,
und locke dieselben durch meine Eingebungen
weislich zum Heile.
Ich erquicke sie durch Meine Barmherzigkeit,
halte sie in Meiner Macht,
suche sie heim mit Meinem Troste
und erleuchte sie mit Meiner Weisheit.
Mit Meiner Liebe lohne Ich ihnen tausendfältig.«

21. Juli

Gott ist es, welcher den Hohen erniedrigt
und aus dem Feind einen Freund macht.

Wer anders als Gott, hat die Toten erweckt
und die Blinden sehend gemacht?

Alles ist von Gott und um des Menschen willen
vernünftig geordnet.

Der unsichtbare Gott wurde sichtbar,
um die Befreiung des verlorenen Menschen
herbeizuführen.

22. Juli

Gott spricht:
»Ich, Gott, bin ein Geist;
Ich spreche, und es ist geschehen;
Ich befehle, und alles gehorcht Mir.
Ich bin es wahrlich,
der Ich allen Sein und Leben gab,
der Ich, ehe Ich den Himmel,
die Berge und die Erde machte,
in Mir selbst bin, der Ich über allem
und außer allem bin,
der Ich drinnen alles bin,
wie in Mir alles und ohne Mich nichts ist.
Und weil Mein Geist überall wohnt,
wo Er will, und alles vermag, wenn Er will,
auch alles weiß und schneller und beweglicher ist,
als alle Geister, indem er jegliche Kraft hat
und alles Gegenwärtige, Vergangene
und Zukünftige vorsieht;
deshalb ist Mein Geist, Meine Gottheit mit Recht
unbegreiflich und begreift selber alles.«

23. Juli

Tag der Birgitta von Schweden

Ob der Würde der Engel, die Du, o Gott,
zu solcher Ehre erhöht hast,
seiest Du gelobt und verherrlicht.
Deine nie endende Ewigkeit
und Beständigkeit möge über allem sein,
was da ist und sein kann!
Und Deine Liebe sei über dem Menschen,
den Du erschaffen hast!

24. Juli

»Ich erteile Dir einen guten Rat,
mache es wie einer, welcher Äpfel schält.
Derselbe wirft den Unrat und die Schale hinweg,
das Innere und Nützliche aber behält er für sich«,
spricht der böse Geist im Menschen.
»Ähnlich sollst auch Du es machen;
denn Gott ist demütig, barmherzig,
geduldig und bedarf nichts.
Gib also von Deinen Gütern, was Du bequem
wirst entbehren können;
was begehrenswerter und Dir nützlicher,
das behalte für Dich.«
»Bedenke, dass dieses Leben kurz ist«,
spricht der Engel Gottes zum Menschen,
»und Gott ein gerechter und geduldiger Richter ist,
welcher alle Deine Gedanken und Reden
und Deine Werke vom Anfange Deines
Verstandesalters bis zum Ende prüft.
Er beurteilt auch alle Deine Neigungen
und Absichten und lässt nichts unerörtert.«

25. Juli

Gott spricht:
»Wie eine Mutter, wenn sie die Stimme
ihres Sohnes vernimmt,
ihm freundlich entgegeneilt,
und wie der Vater,
wenn er seinen Sohn arbeiten sieht,
diesem mitten auf dem Weg zuvorkommt
und ihm seine Last erleichtert,
so eile auch Ich
Meinen Freunden entgegen,
mache ihnen alles Schwere leicht
und lasse sie es fröhlich tragen.«

26. Juli

Sieh doch, nur zum Beispiel,
wie die kleine, winzige Biene es versteht,
den Honig zu bereiten
und vielerlei aus vielen Dingen herauszuholen,
gleichwie auch andere kleine und große Geschöpfe,
die den Menschen an Emsigkeit
und Kenntnis der Kräuter
und Abwägung ihres Nutzens übertreffen;
vielerlei ist für sie nützlich,
was dem Menschen hingegen schadet.
Was wundert es Dich da,
wenn des Menschen Sinn zu schwach ist,
um Gottes Wunder zu erkennen
und alles zu unterscheiden,
da er doch selber von den kleinsten Geschöpfen
übertroffen wird?

27. Juli

Gott spricht:
»Ich habe dem Menschen Sinn und
Verstand gegeben, um die Wege des Lebens
zu betrachten und denselben zu folgen
und die Wege des Todes zu fliehen.
Desgleichen habe Ich Speise
und dem Fleische Notwendiges
zur mäßigen Ernährung des Leibes gegeben,
damit dieser die Tugenden der Seele
mit mehr Kraft vollziehen könne
und nicht durch Übermaß geschwächt würde.
Endlich habe Ich dem Menschen deshalb
das Herz gegeben, damit er in demselben Mich,
seinen Gott, der Ich überall und unbegreiflich bin,
hineinschließen möge, und dass er seine Freude
daran haben solle, an Mich zu denken.«

28. *Juli*

Gott spricht:
»Wie Ich die Engel zu Meinem Lobe
und zu Meiner Verherrlichung erschaffen,
so habe Ich auch den Menschen
zu Meiner Ehre geschaffen.
Ich habe ihm einen Leib gleich einem Tempel
gegeben, in den die Seele
wie ein schöner Engel gesetzt wurde.
In diesem Tempel war Ich sein Gott und Schöpfer
und fand darin Meine Freude;
nun ist Mir aber der Mensch beschwerlicher
als alle anderen Geschöpfe,
obwohl Ich ihn vortrefflicher
als alle Übrigen erschaffen
und ihn so teuer erkauft habe.«

29. Juli

Gesetzt, es wäre ein Kern in die Erde gepflanzt.
Auf diesen wird etwas Schweres gelegt,
so dass er nicht in die Höhe kommen kann.
Ist dieser Kern von guter, kräftiger Beschaffenheit,
so sucht er, wenn er vor dem oberen
herabdrückenden Gewichte
nicht aufwärts kommen kann,
um die Erde herum seinen Aufgang an der Stelle,
wo eine mindere Beschwerung stattfindet.
Hier wurzelt er so fest und tief ein,
dass er nicht allein sehr schöne Frucht bringt,
sondern der Stamm auch, wenn er fest aufwächst,
alles, was den Aufgang hemmt, vernichtet
und sich über dasjenige ausdehnt,
was die Beschwerung bildet.

30. *Juli*

Wenn der Feind an die Tür klopft,
so müsst Ihr nicht sein wie die Ziegen,
welche die Mauer entlang laufen,
auch nicht wie die Widder, welche die Vorderfüße
aufheben und sich einander mit den Hörnern stoßen,
sondern Ihr sollt sein wie die Küken, welche,
wenn sie einen Vogel, der ihnen schadet,
in der Luft fliegen sehen, um sich zu verbergen,
unter die Flügel der Mutter fliehen.
Wer aber ist Euer Feind anders als der Teufel,
welcher neidisch ist auf alle guten Werke,
dessen Geschäft es ist, mit Versuchungen
an die Seele der Menschen zu klopfen?
Er klopft bisweilen an durch den Zorn, durch üble
Nachrede, bisweilen durch Ungeduld und Richten
über die Ratschlüsse Gottes,
wenn nicht alles nach unserem Wunsche geht;
er klopft auch gar häufig an und beunruhigt Euch
durch zahllose Gedanken, damit Ihr Euch dem
Dienste Gottes entziehen möget, und Eure guten
Werke bei Gott verdunkelt werden.
Welcher Art nun aber auch Eure Gedanken
sein mögen, so dürfet Ihr Euren Ort nicht verlassen.

31. Juli

Mache keine Rückschritte,
bis Du den Gipfel des Berges erreicht hast,
denn nichts ist so schwer,
dass es bei bescheidener
und beharrlicher Fortsetzung
nicht leicht werden sollte.

August

KLARA VON ASSISI
(1193/94–1253)

BEATRIJS VON NAZARETH
(um 1200–1268)

KATHARINA VON GENUA
(1447–1510)

Klara von Assisi

Ein Schicksal teilen viele Mystikerinnen miteinander: leben sie in der Nähe eines Mystikers, so heißt es: er habe sie gelehrt und gefördert. Was sie in die Beziehung einbringen, erfährt oft nur eine knappe Erwähnung. Für Klara gilt das in besonderem Maße, engagiert sie sich doch gemeinsam mit dem berühmten Franz von Assisi. In Klara begegnet uns jedoch eine sehr eigenständige und mutige Persönlichkeit. Sie sucht nach einem Lebensstil, der der Nachfolge Jesu gerecht wird. Eines Tages spricht die ganze Stadt nur von Franz und seiner Gemeinschaft, den angeblich ausgeflippten Söhnen aus guten Familien. Klara imponiert diese Gruppe. Hartnäckig sucht sie Kontakt zu Franz zu gewinnen. Er reagiert zunächst gar nicht begeistert darauf, dass eine Frau sich seiner Armutsbewegung anschließen will. Klara setzt sich durch. 1212, in der Palmsonntagsnacht, flieht sie von zu Hause. Die Versuche ihrer adligen Familie, sie zurückzuholen, fallen wohl nur halbherzig aus. Ihre Schwester und schließlich auch ihre Mutter verbinden sich mit der Frauengemeinschaft, die Franz beim Kirchlein San Damiano ansiedelt. Klara bedauert, dass sie nicht predigen darf wie die Männer um Franz. Sie bedauert, nicht ohne weiteres betteln gehen zu dürfen, um die Verbundenheit mit dem armen Jesus zu zeigen. Die kirchlichen Behörden sind durchaus bereit, den Zusammenschluss der Frauen zu akzeptieren – aber zu ihren Bedingungen. So soll Klara den Titel »Äbtissin« annehmen. Sie weigert sich. Sie will keinen Orden gründen. Sie will sich auch nicht über die anderen Frauen stellen. Doch der Druck hält an. Manchmal treten die so Bedrängten in den Hungerstreik. Klara bleibt fröhlich und gelassen, obgleich sie obendrein bettlägerig ist. Sie hat allzu radikal gefastet. In all den Krisen strahlt sie dennoch einen mitreißenden Charme aus.

Schließlich wird es prekär: unnachgiebig bestehen die kirchlichen Behörden auf einer Ordensregel. Da greift Klara zu einem ungewöhnlichen Mittel für ihre Zeit: sie entwirft die Ordensregel selbst. Sie versucht von ihren Vorstellungen von dem, was wichtig ist, möglichst viel zu retten. 1253 erfolgt die Bestätigung – zwei Tage vor Klaras Tod. Sie stirbt am 11. August. Dies ist auch ihr Gedenktag. Die Heiligsprechung erfolgt bereits 1255. Auf Darstellungen sehen wir sie oft als Nonne mit einem schwarzen Ordenskleid – so wie sie es selbst wohl kaum gewünscht hätte.

An Schriften sind leider nur die Ordensregel, das Testament, fünf Briefe und ein Segen erhalten.

Zum Weiterlesen:
Anton Rotzetter, Klara von Assisi. Die erste franziskanische Frau, Freiburg, Basel, Wien 1993 (Herder)

Beatrijs von Nazareth

Es ist ein kleines, gar nicht so bekanntes Buch, das uns aus dem Altflämischen überliefert ist: »Von sieben Arten der Minne«. Wenn wir uns in diese Schrift vertiefen, spüren wir bald, was für ein kostbares Werk wir hier in Händen halten. Wir lesen von den verschiedenen Phasen, die eine Seele in der Gottesbeziehung durchlebt: von ihrer Suche nach Selbsterkenntnis, ihrem verzweifelten Sehnen nach Gott, von Unruhe und dann wieder ruhiger Gelassenheit im Glauben. Die Verfasserin schreibt in der Volkssprache. Sie möchte nicht nur einen elitären Zirkel erreichen, sondern alle, denen ihre Bindung an Gott ernst ist.

Die Mystikerin und Dichterin Beatrijs stammt aus bürgerlichen Kreisen. Geboren ist sie im belgischen Brabant, in Tienen. Die Mutter stirbt früh. Daraufhin übergibt der Vater das siebenjährige Mädchen einer Beginengemeinschaft zu Zoutleeuw, um es zu erziehen. Das Kind lernt eine Frauengemeinschaft kennen, die sich zu einem geistlichen Miteinander außerhalb der Klöster zusammengeschlossen hat. Beginen verdienen ihren Unterhalt durch Handarbeit und eben auch durch Unterricht.

Beatrijs erhält ihre abschließende Ausbildung in einem Zisterzienserinnenkloster bei Wavre. 1216 legt sie ihr Gelübde ab. Aber ein ruhiges Leben eröffnet sich damit nicht. Sie kommt zunächst nach Rameya, wechselt nach einem Jahr nach Bloemendael und weilt dann vierzehn Jahre im Kloster Maagdendaal. Schließlich fungiert sie als Priorin der Zisterzienserinnen zu Nazareth bei Lier. Wie ein Anker wirkt bei diesem häufigen Wechsel die Freundschaft zu der ein wenig älteren Ida von Nijvel (1197/98–1231). Bis zu ihrem Tod ermutigt sie Beatrijs zu ihrer eigenen Spiritualität. Durch ihr Zutrauen weckt sie in der Freundin die Zuversicht für ihren oft mühsamen mystischen Weg. Denn Beatrijs durchleidet Jahre der Dunkelheit und der Gottesferne, in denen sie sich eingekerkert wie in einem Gefängnis fühlt. Erst später eröffnet sich ein Raum der Ruhe und Gelassenheit. Beatrijs vergleicht nun die Seele mit einer Hausfrau, die einen großen Hausstand leitet: sie wirkt, sie überlegt besonnen und ordnet ihre Angelegenheiten nach innen und nach außen.

Ihre eigenen inneren Erfahrungen schreibt Beatrijs in ihrem »Lebensbuch« (»Liber vitae«) nieder. Es ist verloren, allerdings können wir Teile in ihrer Heiligenbeschreibung auffinden.

Beatrijs von Nazareth stirbt am 29. August 1268. Sie ist selig gesprochen. Der Todestag ist gleichzeitig der Gedenktag.

Zum Weiterlesen:
Beatrijs von Nazareth, in: Rolf Beyer, Die andere Offenbarung. Mystikerinnen des Mittelalters, Bergisch Gladbach 1989 (Gustav Lübbe Verlag)

Ungewöhnlich liest sich ihre Lebensgeschichte zunächst nicht: Katharina wird 1447 in eine der einflussreichsten Adelsfamilien Genuas hineingeboren, in das Patriziergeschlecht Fieschi. Großkaufleute, Diplomaten und auch geistliche Würdenträger entstammen ihm. Zu den letzteren gehören zwei Päpste. Katharinas ältere Schwester tritt – offenbar aus eigenem Willen – dem Orden der Augustinerinnen bei.

Die Familie bestimmt für Katharina eine standesgemäße Ehe mit Guiliano Adorno. Vor der 16-Jährigen liegt bei ihrer Heirat ein vorgezeichnetes Leben – wie es eben typisch für ihre Kreise ist. Die Ehe wird nicht glücklich. Auch das bedeutet nichts Ungewöhnliches. Bezeichnend für Frauen ihrer Gesellschaftsschicht fallen Katharinas Tröstungsversuche aus: Besuche von Festveranstaltungen und Bällen. Ein bekanntes Phänomen begegnet uns auch in dem Überdruss, der sich nach einiger Zeit einstellt. Gerade intelligente Frauen leiden zunehmend unter den Oberflächlichkeiten. Katharina ersehnt sich geradezu eine längere Krankheit, um nur nicht so weitermachen zu müssen wie bisher.

1473 erfolgt der »Umschwung«. Katharina verschreibt sich dem religiösen Leben. Auch das ist zu ihrer Zeit durchaus üblich. Erstaunlicher mutet es an, dass es ihr gelingt, ihren Mann von ihrem spirituellen Weg zu überzeugen. Allerdings mag dazu beigetragen haben, dass er kurz zuvor ein finanzielles Desaster hatte hinnehmen müssen. Das Ehepaar wohnt jetzt innerhalb des Hospitals Pammatone. Katharina verschreibt sich der Kranken- und Armenpflege. Das üben bereits andere Damen der Gesellschaft aus. Doch Katharina begnügt sich nicht mit allgemeinen caritativen Wohltaten. Sie dringt zu grundsätzlichen organisatorischen Fragen im Bereich des sozialen Engagements vor. Der entscheidende Durchbruch zu einem eigenständigen Weg erfolgt durch mystische Erfahrungen. Sie gilt als Autorität auf diesem Gebiet. Sie beginnt zu schreiben. Leider können wir schwer feststellen, welche Teile ihres »Dialogs« von ihr selbst stammen. Der Freundeskreis, der sich um sie sammelt, wirkt hier mit. Eindringlich vermittelt die Schrift die oft zerrissene Existenz eines mystisch geprägten Daseins: der Erde gehört es nicht mehr an, dem Himmel noch nicht. In diesem Zwischenstadium lebt Katharina, manchmal erleuchtet, geradezu durchglüht von göttlicher Nähe, manchmal verzweifelt und kaum fähig, den Alltag zu überstehen.

Katharina stirbt 1510. Ihr Heiligentag liegt auf dem 15. September. In Italien, besonders auch in Frankreich beeinflusst ihr Werk die mystische Gedankenwelt. In Deutschland ist sie bis zum Anfang des 19. Jahrhunderts nahezu unbekannt.

Da im September Hildegard von Bingens mit ihrem ausführlichen Werk gedacht wird, gehen wir Katharinas Worten bereits im August nach.

Zum Weiterlesen:
Katharina von Genua, in: Rolf Beyer, Die andere Offenbarung. Mystikerinnen des Mittelalters, Bergisch Gladbach 1989 (Gustav Lübbe Verlag)

1. August

Gott, Du hast mir von Deiner einfachen
und reinen Liebe einen Funken gezeigt,
und er entzündete in mir ein so großes Feuer,
dass es mich verzehrt.
Ich finde keinen Ort der Ruhe auf Erden
und kann nichts anderes mehr sehen
und empfinden.

Katharina von Genua

2. August

Und gleichwie ein Gefäß, wenn man es anrührt,
unversehens überfließt und ausläuft,
also wird die Seele
unversehens angerührt und ganz überwältigt
von der Überfülle ihres Herzens,
so dass es zuweilen ausläuft und überfließt.

Beatrijs von Nazareth

3. August

O selige Armut
Denen, die Dich lieben und umfangen,
schenkst Du ewigen Reichtum!

O heilige Armut
Wer Dich hat und ersehnt,
dem ist von Gott das Himmelreich verheißen
und dem wird ohne Zweifel ewiger Glanz
und seliges Leben zuteil.

O zärtliche Armut
Dich hat der Herr Jesus Christus
über alles umarmen wollen:

Er,
der Himmel und Erde beherrschte
und beherrscht,
der sprach und sie waren!

Klara von Assisi

4. August

Das, was die Seele
am meisten quält und verzehrt,
das ist es auch,
was am meisten lindert und sänftigt.

Je mehr der Seele von oben gegeben wird,
desto mehr fordert sie.

———

BEATRIJS VON NAZARETH

5. August

Ratschläge

Günstige Dinge mögen Dich nicht
überheblich machen.

Zuversichtlich soll eine der anderen
ihre Not offenbaren.

Zeigt die Liebe, die Ihr im Herzen habt,
auch nach außen.

Stelle deine Gedanken vor den Spiegel der Ewigkeit.

KLARA VON ASSISI

6. August

Über die Seele

Die Seele hat schon durch
lange Erfahrung gesehen,
dass Gott durch die Einwirkung
gnadenvoller Liebe die Sorge für Leib und Seele
übernommen hat und es an nichts fehlen lässt.

Die Seele, die im Frieden der Liebe lebt,
hält es nicht aus, mit sich selbst
in Unfrieden zu geraten,
noch auch mit anderen.

Katharina von Genua

7. August

Glücklich gewiss
wem es gegeben ist
an der heiligen Tischgemeinschaft zu trinken
und wer so mit allen Fasern des Herzens
dem anhängt
dessen Schönheit
alle seligen
himmlischen Heerscharen unaufhörlich bewundern
dessen liebende Zuwendung zuwendet
dessen Beschauung erfrischt
dessen Güte beglückt
dessen Zärtlichkeit erfüllt
dessen Gedenken zärtlich glänzt
dessen Wohlgeruch die Toten wieder lebendig macht
dessen herrliche Schau beseligen wird
alle Bewohner des himmlischen Jerusalem:
Denn Er ist
das Strahlen des ewigen Lichts
der Spiegel ohne Makel.

Klara von Assisi

8. *August*

Gott ist's, der mit der Seele
in anderer Weise verfährt, in einer Weise,
die all unsere Fassungskraft übersteigt.
Die Seele weiß von nichts mehr:
sie steht nur reglos da wie ein Instrument
und merkt auf das Wirken Gottes.

Katharina von Genua

9. *August*

Jauchzen Sie und freuen Sie sich sehr,
seien Sie erfüllt mit unendlichem Jubel
und geistlicher Freude.
Da Ihnen die Verachtung der Welt
mehr gefällt als die Ehren,
die Armut mehr als zeitliche Reichtümer,
einen Schatz im Himmel anzuhäufen
mehr als hier auf Erden,
so verdienen Sie den Namen:
Schwester, Braut und Mutter des Sohnes
des allerhöchsten Vaters.

Alles, was in dieser trügerischen
und verwirrenden Welt ihre blinden Liebhaber
verstrickt, schiebe völlig beiseite.

KLARA VON ASSISI

10. August

Die göttliche Minne aber zielt
mit ihren Wirkungen allein auf die Reinheit,
die Erhabenheit und den göttlichen Adel,
die ihr Wesen bestimmen.
Dies nachzuvollziehen, lehrt sie diejenigen,
die sich ihr anvertrauen.

Beatrijs von Nazareth

11. August

Tag der Klara von Assisi

Woran Du festhältst, das halte fest.
Was Du tust, das tue und werde nicht müde.
Schnellen Schritts, leichten Fußes
ohne Hindernis auf dem Weg
– kein bisschen Staub
soll an Deinen Schuhen hängen bleiben!
Sicher, froh und heiter
und behutsam geh den Weg der Seligkeit.

KLARA VON ASSISI

12. August

Über die Seele

Die Seele sucht Gott,
sie liebt Ihn,
sie verlangt nach Ihm.

Der Heilige Geist in der Seele
bewahrt bei jedem Werk
die Freiheit des Gewissens
unbeweglich und fest.

BEATRIJS VON NAZARETH

13. August

O Herr!
Ich will Dich niemals mehr beleidigen
und nichts mehr begehren wider Deine Güte.
Diese Deine so große Güte hat mich tief beschämt.

O mein Herr,
an der Liebe, die Du mir gabst,
erquicken sich alle meine Fähigkeiten.

KATHARINA VON GENUA

14. August

Menschliche Beziehungen

Wenn wir eine der anderen die Last
der Liebe tragen, werden wir leicht
das Gesetz Christi erfüllen.

Alle sind verpflichtet,
ihre kranken Schwestern so zu versorgen
und zu bedienen,
wie sie selbst bedient sein möchten,
wenn sie von irgendeiner Krankheit befallen sind.

Seid immer Liebhaberinnen Eurer eigenen Seele
und der Seelen Eurer Mitschwestern.

Klara von Assisi

15. August

Wenn das Gold bis auf
vierundzwanzig Karat geläutert ist,
so kann durch kein Feuer,
das man ihm zulegt, mehr etwas verzehrt werden;
denn es kann nichts anderes,
als nur sein Unvollkommenes verzehrt werden.
So macht es das göttliche Feuer in der Seele.

Katharina von Genua

16. *August*

Manche, deren Hochmut schon
bis zum Himmel stieg und deren Haupt
die Wolken berührte,
lassen sich täuschen und werden am Ende
vergessen wie ein Düngerhaufen.

KLARA VON ASSISI

17. August

Gott spricht:
»Ich umgebe den Menschen
mit meiner grenzenlosen Liebe
auf mancherlei Art und Weise,
um ihn unter meine Pflege zurückzuführen.«

Ich bekenne, o Herr,
dass ich es nicht verstehe,
was denn eigentlich dieser Mensch ist,
für den ich Dich so große Sorge tragen sehe.
Ich weiß nicht, bist Du sein Herr oder sein Knecht.

KATHARINA VON GENUA

18. August

Dann ist die Seele einer Hausfrau gleich,
die ihr Haus wohl bestellt, klug verwaltet,
aufs schönste einrichtet, vorsorglich schützt,
verständig hütet und mit Umsicht waltet.
Sie wirkt im Inneren und nach außen,
sie tut und unterlässt nach ihrem Willen.

Beatrijs von Nazareth

19. August

Lass Dich treffen von Christus
erwäge
schaue Ihn
danach strebend
Ihn nachzuahmen.

Wenn Du mit Christus Mitleid empfindest,
wirst Du mit Ihm frohlocken.

Klara von Assisi

20. *August*

Die Seele dient Gott allein aus Liebe
ohne jedes Warum und ohne jeden Lohn
von Gnaden.

Der Wille der Seele ist Liebe geworden.

BEATRIJS VON NAZARETH

21. August

Da uns also der Herr so zu Großem berufen hat,
dass andere in uns sich selbst anschauen können
wie in einem Spiegel und einem Vorbild,
sind wir verpflichtet, Gott zu preisen
und zu loben und uns immer wieder mehr
zu stärken im Tun der guten Dinge im Herrn.

Klara von Assisi

22. August

Die Seele sucht ständig zu ergründen,
was sie ist
und was sie sein sollte,
was sie besitzt
und was ihrem Streben gebricht.

Es quält die Seele sehr,
dass sie begehren muss,
was sie nicht erlangen kann.

Beatrijs von Nazareth

23. *August*

Ich bringe mich jeden Tag
in größere Abhängigkeit von irdischen Dingen.
Je mehr ich mich so von Gott entferne,
desto übler bin ich zufrieden;
denn ich entferne mich ja
von meinem natürlichen höchsten Gut.

Sieh, welchen Übels Ursache die Sünde ist,
so klein sie auch sei,
da sie die Seele vom allmächtigen Gott
trennt und entfremdet.

Katharina von Genua

24. August

Leitung einer Gemeinschaft

Die Leitung soll sich bemühen,
mehr durch Tugenden und heiligen Wandel
als durch das Amt die anderen zu überragen.

Von persönlichen Freundschaften soll sie sich
freihalten, damit sie nicht,
während sie einem Teil größere Liebe erweist,
der Gemeinschaft Ärgernis bereitet.

Sie soll die Betrübten trösten.
Sie sei auch die letzte Zuflucht für die Bedrängten.

Zorn und Aufregung verhindern die Liebe.

———

Klara von Assisi

25. August

O mein Gott, errette mich aus dieser Lage
und mache mit mir alles, was Dir beliebt.
Alles will ich ertragen,
wenn Du mich nur von diesem großen Elend
und vor diesen Gefahren,
in denen ich mich befinde, befreist.

Katharina von Genua

26. *August*

Wer mehr liebt, leidet auch mehr
durch die Trennung vom Geliebten;
und da Gott die Seele mehr liebt als die Seele Ihn,
würde Er sich mehr um die Trennung grämen.

Gott spricht:
»Meine Liebe ist unendlich;
Ich kann nicht anders als das zu lieben,
was Ich geschaffen habe.«

Katharina von Genua

27. August

Über die Liebe

Welche Qual ist es, ohne Liebe zu arbeiten!

Liebe, Du reinigst und verzehrst
unsere Unvollkommenheiten.
Du erleuchtest und stärkst unser Sinnen und Fühlen.

Die Liebe kann nicht gehindert werden,
und wenn sie gehindert wird, so ist es nicht Liebe.

Alles, was man über die Liebe sagen kann,
ist ein Nichts. Denn je weiter Du darin fortschreitest,
desto weniger weißt Du davon.

KATHARINA VON GENUA

28. *August*

Fürchte Dich nicht,
der in Seinen Worten getreue
und in Seinen Werken heilige Gott
wird über Dich Seinen Segen ausgießen.

KLARA VON ASSISI

29. August

Tag der Beatrijs von Nazareth

Seid in der Freiheit
und in der Reinheit
und in dem Adel,
darin das menschliche Herz
vor allen Geschöpfen geschaffen wurde –
nach dem Bilde Gottes
und nach Seinem Gleichnis.

BEATRIJS VON NAZARETH

30. *August*

Wir dürfen nie etwas anderes wollen,
als was uns von Punkt zu Punkt zustößt,
doch müssen wir uns nichtsdestoweniger
immer im Guten üben.

Wer sich im Guten nicht üben wollte,
sondern nur abwarten, was Gott ihm schickt,
der würde Gott versuchen.

Katharina von Genua

31. August

Ich segne Euch
in meinem Leben
und nach meinem Tod
so sehr ich nur kann
mit allen Segnungen
mit denen der Vater der Erbarmungen
Seine Söhne und Töchter
gesegnet hat und segnen wird
im Himmel und auf Erden.

Der Herr sei immer mit Euch
und Ihr sollt immer mit Ihm sein.

KLARA VON ASSISI

September

Hildegard von Bingen
(1098–1179)

Hildegard von Bingen

Zehn Kinder wachsen gemeinsam auf einem adligen Gut auf: auf Bermersheim bei Alzey, am Rande des Pfälzer Waldes. Eines von ihnen, das jüngste, muss die vertraute Umgebung im Alter von acht Jahren verlassen. Ein Ritt von einigen Stunden, dann Ankunft in einem Kloster hoch über der Nahe: auf dem Disibodenberg. Ein Gottesdienst in bedrückend dunkler Atmosphäre. Ein Zug über den Hof zu einem kleinen Kirchenanbau. Eintritt in das Gebäude. Das Geräusch vom Steineaufschichten und Mauern. Das Mädchen findet sich mit seinen acht Jahren plötzlich eingeschlossen in einer Klause. Eine junge Frau und ein gleichaltriges Kind sind bei ihm. Wie mag das alles auf die 1098 geborene Hildegard gewirkt haben? Wir wissen es nicht. Immerhin wird sie später davor warnen, Kinder so früh einem Kloster zu übergeben. Von der jungen Frau, Jutta von Sponheim, empfängt sie augenscheinlich einen ausgezeichneten Unterricht. Sie wird allerdings immer ihre Lehrerin und sich selbst als »ungebildet« beschreiben. Das gehört sich so. Es ist aber auch klug: gelten dann doch alle Einsichten und Worte als unmittelbare Einwirkungen Gottes. Das bildet einen Schutz für eine Frau, die sich theologisch zu Worte meldet und in das Zeitgeschehen eingreift. Dieses Zeitgeschehen zieht kaum spurlos an der Klause vorbei. Die Menschen erzählen am zugehängten Hoffenster von Päpsten und Gegenpäpsten, von Kreuzzügen und von ketzerischen Bewegungen in Frankreich. Hildegard nimmt alles in sich auf. Gleichzeitig vertiefen sich die Eindrücke, die sie vom Leben auf dem elterlichen Gut bewahrt hat: vom Rhythmus der Jahreszeiten, von der sich stets wandelnden Natur. Sie entdeckt, wie die Menschen in die gesamte Schöpfung einbezogen sind. Eine Schöpfungstheologin reift heran – aufmerksam und kritisch. Im ummauerten Klausengarten erhält sie erste Kenntnisse in der Kräuterheilkunde. Ein tiefer Reichtum erschließt sich in dieser eingefriedeten Welt. Hildegard erzählt nicht, ob sie je den Wunsch verspürte, vor dem endgültigen Gelübde das Kloster zu verlassen. Sie versteht sich gut mit Jutta von Sponheim. Das mag sie bewegen zu bleiben. Doch vermutlich ist auch nach so vielen Jahren der Gewöhnung eine Alternative kaum vorstellbar. Die Klause allerdings öffnet sich. Allzu viele Frauen wollen hier leben. Die Schwestern bilden jetzt ein Nebenkloster zu dem benediktinischen Mönchsbereich. 38 Jahre alt ist Hildegard, als die Nonnen sie zu ihrer »Meisterin« wählen. Sie tritt damit die Nachfolge der verstorbenen Jutta von Sponheim an.

Ein Plan reift in Hildegard: Sie möchte ein eigenes Frauenkloster gründen. Sie empfindet dies als einen göttlichen Auftrag. Doch scheut sie auch den Konflikt mit den Mönchen: Sie werden die Nonnen kaum aus ihrer Aufsicht entlassen und ihrem Wegzug nicht zustimmen. Wie oft in widersprüchlichen Situationen wird Hildegard krank. Sie gesundet erst, als sie allen Widerständen zum Trotz beschließt: Wir gehen fort. Es gelingt ihr, Kontakt zum Erzbischof von Mainz aufzunehmen. Er verspricht, die Oberaufsicht über den neuen Konvent zu übernehmen. Es finden sich Ruinen eines Heiligtums auf dem

Rupertsberg oberhalb von Bingen. Die Frauen hausen wie auf einer Baustelle. Die finanzielle Lage gestaltet sich prekär, weigern sich doch die Mönche vom Disibodenberg, die einst von den Eltern der Nonnen eingezahlte Summe auszulösen. 1147 kehrt endlich Ruhe ein. Hildegard leitet die Frauengemeinschaft, die sich 1156 um ein weiteres Kloster am jenseitigen Rheinufer erweitert: Eibingen. In der Schreibstube entsteht Buch um Buch, theologische und heilkundliche Werke. Die bekannteste Schrift trägt den Titel »Scivias« – »Wisse die Wege«. Ihre Lieder vertont Hildegard selbst. Dazu kommt eine reichhaltige Briefkorrespondenz, mit der sie oft auf scharfe und direkte Weise in das Zeitgeschehen eingreift. Wenn ein Geistlicher seine Pflichten vernachlässigt, kann er mit ihrem unverblümten Urteil rechnen. Die viele Arbeit lässt sich nur bewältigen, weil sie Richardis von Stade, eine Mitschwester und Freundin, und der Mönch Volmar unterstützen.

Von Kindheit an verdichten sich für Hildegard ihre Gedanken und Einsichten in Bildern, in Visionen. Sie meint, Sprache reiche nicht aus, um das Geschaute wiederzugeben. Also lässt sie es malen.

Hildegard steht im Rufe einer von Gott beordneten Seherin. Nur so ist das für die damalige Zeit Unerhörte zu erklären: Sie geht auf Reisen. Beschwerlich fallen sie oft aus für die damals schon ältere Frau. Als Bußpredigerin bricht sie auf nach Maulbronn, Würzburg, Köln, Trier, Bamberg. Sie macht sich nicht nur Freunde damit. Noch im Alter hat sie Anfeindungen zu widerstehen.

Hildegard stirbt am 17. September 1179. Manche Klöster begehen diesen Tag bald zu ihrem Gedenken. Die Mainzer Behörden verschleppen die offizielle Heiligsprechung. Die Äbtissin und Mystikerin ist schließlich im 16. Jahrhundert in den Heiligenkalender »hineingerutscht«. Ihr Gedenktag wird am 17. September begangen.

Zum Weiterlesen:
Hildegard von Bingen, Gott sehen, München, Zürich 1985 (Piper)

1. September

Der neunte Monat ist Reifezeit.
Keine schrecklichen Gewitter verzerren
mehr sein Gesicht.
Allen wertlosen Saft nimmt er von den Früchten,
damit sie gut zu genießen seien.

2. September

Ruhmreiche Engel, lebendiges Licht,
inmitten der Gottheit erschaut Ihr
die göttlichen Augen
im mystischen Dunkel der Schöpfung,
in glühender Sehnsucht,
darin Ihr Euch nimmer ersättigen könnt.

3. September

Von Ewigkeit lag es im Ratschlusse Gottes,
dass Er Sein Werk – den Menschen – schaffen wollte.
Und da Er dieses Werk vollendete,
übergab Er dem Menschen die ganze Schöpfung,
damit er mit ihr wirken könne.

4. September

Ein Wind blies von einem hohen Berg
und brachte mit seinem Wehen
vor geschmückten Bürgern und Türmen
eine kleine Feder in Bewegung,
die aus sich selbst keinerlei Fähigkeit
zum Fliegen besaß, sondern dieses nur
durch den Wind empfing.
Zweifellos veranlasste dies der allmächtige Gott,
um zu zeigen, was Er durch ein Wesen,
das von sich nicht das Geringste sich zumuten
würde, zu wirken vermag.

5. September

Die himmlische Liebe spricht zur weltlichen Liebe:
»Du suchst nicht das wahre Leben,
das in seiner Jugendschöne nimmermehr welkt
und das sich selbst in der Reife des Alters
nicht erschöpft. Dir fehlt aber auch jedes Licht!
In die finstere Nacht stolperst Du,
und in das Verlangen des Menschen
wühlst Du Dich wie ein Wurm.
Von Augenblick zu Augenblick lebst Du dahin,
um dann wie Heu zu verdorren.«

Der Mensch, der in Kindheit,
Reife und im Alter glücklich das Gute getan hat,
dessen Seele steigt mit diesen Werken erstrahlend
und wie mit herrlichen Edelsteinen geschmückt
zu Gott empor.

6. *September*

An die Kirche

O Kirche,
Deine Augen gleichen einem Saphir,
und Deine Ohren sind dem Berge Bethel gleich,
und Deine Nase wie ein Berg von Myrrhe
und Weihrauch ist,
Dein Mund wie vieler Wasser Rauschen.

7. September

O Mensch, warum hast Du nicht
den Acker Deiner Seele besichtigt
und die unnützen Kräuter, Dornen
und Disteln ausgerissen?

Trage Vorsorge für Deinen Garten,
den Gottes Gabe gepflanzt, und sei auf der Hut,
dass seine Gewürzkräuter nicht verdorren.

8. *September*

Und so existieren beide, Leib und Seele,
trotz ihrer verschiedenen Naturen,
dennoch als eine einzige Wirklichkeit.
Dieses einheitliche Werk begreift man,
wenn man sieht, wie die Seele ihrem leiblichen
Organismus im Denkvorgang die Luft zuführt,
bei jeder Konzentration die Wärme,
mit der Stoffaufnahme das Feuer,
ferner das Wasser bei der materiellen Einverleibung
und die Grünkraft bei den Zeugungsvorgängen.
Und so ist der Mensch von der
ersten Bestimmung an zusammengesetzt.

Wo Seele und Leib in herzlicher Übereinstimmung
miteinander leben, da erreichen sie auch
in einmütiger Freude den höchsten Lohn.

9. September

Glauben hat jener Mensch,
der mit seiner Erkenntnis, die das innere Auge ist,
das sieht, was dem äußeren Schein verborgen ist.

Gottes unermessliche Herrlichkeit kann
in ihrer geheimnisvollen Tiefe kein Mensch
vollkommen erschauen, es sei denn,
soweit der Glaube Ihn erkennt,
der Ihn umfasst und trägt.
Doch wie der Thron seinen Herrn trägt
und umfängt und dennoch unter ihm bleibt
und sich nicht über ihn erhebt,
so verlangt auch der Glaube nicht
in stolzer Anmaßung, Gott zu schauen,
sondern er berührt Ihn mit tiefer Unterwürfigkeit.

10. September

Der Mensch allein zerfleischt in der Bosheit
seines Zorns sowohl denjenigen, der ihn liebt,
als auch den, der ihn hasst,
und selbst seinem Wohltäter vergilt er
Gutes mit Bösem.

Zorn und Hass, die sich verbinden zur Bosheit,
sind Werkzeuge der Gewalttätigkeit.
Sie widerstehen ständig Gott und legen
durch ihre Großsprecherei Feuer an alles,
was gerecht ist.

11. September

Die Gerechtigkeit spricht:
»Aus dem springenden Urquell
bin ich hervorgegangen und keine irdische
Bedingung kann mich in Schrecken versetzen.
Mit der Morgendämmerung habe ich mich erhoben,
ich, die geliebte Freundin Gottes.
Bei Ihm werde ich bleiben
und weiche nie von Ihm.
In Ihm bin ich ein Garant der Wohlfahrt.«

12. September

Die Freigebigkeit spricht:
»Ich stehe offen und bereit da,
in Regen und Tau, für Salbe und Medizin.
Freigebig wirke ich im Regen,
voller Freude im Tau, aus lauter Barmherzigkeit
beim Salben und voll des Trostes für jedwedes Leid
bei meinem ärztlichen Tun.
Auf diese Weise bleibe ich in allen Dingen treu
und werde so in Ewigkeit herrschen.«

13. September

Wenn die Menschen in ihrer Habsucht
so manches wünschen,
das sie dann doch nicht haben können,
rennen sie in ihrem kranken Geiste
mitten in die Zwietracht und sind
gegen die ganze Welt feindlich eingestellt,
so wie ein Hund die Menschen fauchend anfällt.
Sie tragen zahlreiche Meinungsverschiedenheiten
im Sinn und zerstreuen und verschleudern
in ihrer Härte und Bitterkeit all das,
was Gott gemacht hat.
Keinen Frieden wollen sie
und freuen sich noch gewaltig,
wenn sie andere in Wort und Tat zerreißen.

14. September

Keinem Menschen geht die Erkenntnis auf,
mit welch großer Milde das geheime Wirken Gottes
die Menschen erträgt und wie weit es ihnen
in verstehendem Erbarmen entgegenkommt.

O Hirte der Seelen,
o erster Ruf,
durch den wir alle sind erschaffen!
Du, Du sei nun geneigt,
uns zu befreien aus unserem Elend,
unserem Siechtum!

15. September

Die ganze himmlische Harmonie
jubelt zu Gott auf und gerät in Entzücken,
dass der irdische Mensch,
der doch der Erde entstammt,
in jene Höhe, wo Gott weilt,
aufblicken konnte;
alles Lob mit jeder Art von Musik erklingt
über den Himmel, um der Wundertaten willen,
die Gott im Menschen wirkt.

16. September

Und Gott ist ewig, und die Ewigkeit ist Feuer,
und darin lebt Gott.
Gott ist aber kein verborgenes Feuer
und keine schweigende Flamme.
Seine Feurigkeit ist vielmehr am Werke,
weil Gottes Macht über alles Erkennen
und Urteilen der Geschöpfe hinaus
in der Herrlichkeit Seiner Majestät das All
ordnet und lenkt.
Also schafft Er vernünftiges Leben,
dass nämlich die Augen sehen, die Ohren hören,
die Nase riechen und der Mund seine Rede
mit Vernunft hervorbringt.

17. September

Tag der Hildegard von Bingen

An Maria
O Lebensgrund, Maria, sei gegrüßt,
Du hast das Heil neu aufgebaut,
den Tod erschüttert,
die Schlange, zu der Eva sich erhob,
mit aufgerecktem Hals von Hochmut aufgebläht,
vernichtet.
Zertreten hast Du sie,
da Du den Gottessohn vom Himmel hast geboren,
deshalb Gottes Geist Dir eingehaucht.

18. September

Der Weltenball wird von Feuer, Wind und Luft
in Bewegung gehalten und jedwede Kreatur ist
in ihr geborgen. Der Himmel mit all seiner Pracht
nimmt den oberen Teil dieses Weltalls ein.
Wo aber wäre der Mensch,
der je mit einem Blick hinaufdringen möchte
in solche Höhen?
Der Erde weites Rund steht mit den ringsum
strömenden Wassern und allem,
was oberhalb der Abgründe flutet,
gleichsam inmitten der Weltkugel.
Auch das vermag kein Mensch jemals zu erfassen.
Der Abgrund endlich liegt
mit all seinem Wunderbaren gleichsam
auf dem Grunde dieses Universums,
und wo wäre der Mensch,
der je auf diesen Grund gelangen könnte?
Niemand kann das als Gott allein,
der ihn gegründet hat.

19. September

Feuer Du und Tröster-Geist,
Leben des Lebens aller Geschöpfe!
Heilig bist Du, Du belebst die Gebilde.

Heilig bist Du, Du salbst die
gefährlich Verletzten.
Heilig bist Du, Du reinigst
die schwärenden Wunden.

Lauterer Quell, in dem wir erschauen,
wie Gott die Irrenden sammelt
und die Verlorenen sucht.

Beschirm, die der Feind hat gefangen,
mach frei, die da liegen in Ketten,
die göttliche Kraft will sie retten.

Und darum sei Lob Dir, Du Klang allen Lebens,
Du Hoffnung und machtvolle Ehre,
die Du die Gaben des Lichts verleihst.

20. September

Du hast Augen, damit Du sehen und ringsum
alles überschauen kannst.
Wo Du Schmutz siehst, wasche ihn ab,
was dürr ist, lass grün werden,
und sorge dafür,
dass Deine Gewürze schmackhaft sind.
Wenn Du keine Augen hättest,
könntest Du Dich entschuldigen!
Nun aber hast Du Augen.
Warum schaust Du nicht um Dich?

21. September

Christus spricht:
»Viele wollen ihr Spiel mit Mir treiben.
Ohne Anstrengung der Seele und des Denkens
wollen sie an Mich herantreten.
Sie wollen Mich nur in Besitz nehmen.
Wie ein aus schwerem Schlafe Erwachender
stürzen sie sich in der plötzlichen Aufwallung
des Truges und der Täuschung auf den Weg
der Heiligkeit, so wie sie ihn sich selber ausdenken.
Sie bilden sich ein, alles zu können,
was sie vorhaben.
Sie wollen nicht zusehen, wer und was sie sind,
oder was sie leisten können,
noch sich zum Bewusstsein bringen,
wer sie gebildet hat und wer ihr Gott ist.
Gott soll ihr Diener sein, der all ihr Begehren
ausführen muss. Solcher Anmaßung gebe ich
Meine Gnade nicht.«

22. September

Stimmt der Mensch mit
den Sehnsüchten der Seele überein,
dann brennt er ganz und gar in der Liebe zu Gott,
und so fliegt er von Tag zu Tag in der Heiterkeit
ewiger Freude, indem er sich an der Weisheit
der Heiligen Schriften erfreut.

Mit Gott durchdringe ich alle Finsternisse.

23. September

Herbstanfang

Die Weisheit gießt in des Menschen Geist
die Gerechtigkeit des wahren Glaubens,
durch die allein Gott erkannt wird.
Dort keltert dieser Glaube
alle Kälte und Feuchte der Laster derart,
dass sie nicht weiter keimen
und wachsen können;
und alle Tugendkräfte presst er so an sich,
dass edler Wein ins Glas gegossen
und dem Menschen zum Tranke
gereicht werden kann.

24. September

Es ist nicht die Erde, die den Menschen Speise
und Kleidung und andere Lebensmittel schenkt,
sondern Gott selber.
Zwar sehen die Menschen alles wachsen,
aber woher das kommt und wie etwas wächst,
das sehen sie nicht.
Das allein wissen sie, dass sie aus Gott gedeihen.
Die ganze Menschheit und alle Zeitalter
könnte keiner wachsen lassen,
noch könnte einer das geringste Ding,
das es auf der Welt gibt, lebendig machen.
Nur Gott allein vermag dies.

25. September

Die Menschen, die sich ausschließlich
den irdischen Interessen überlassen,
verfallen einer geistigen Verschlossenheit.
Sie nehmen in ihren Herzen,
als wäre ihr Herz mit Pech verklebt und verleimt,
keine Rücksicht mehr auf Gott.
Sie schwätzen und handeln so,
als gäbe es Gott gar nicht.
Was wirklich gut ist, kennen sie nicht;
das Zarte der Frömmigkeit wollen sie nicht.
In ihrer Härte stehen sie vielmehr trotzig gegen Gott.

26. *September*

Wie die Winde bald in einer
sanften Luftschicht wehen,
bald in wilden Stürmen das All durchbrausen,
so ist auch der Mensch immerdar
entweder vom Guten oder vom Bösen
in Anspruch genommen.

Wer aber Gott liebt, eignet sich die Frömmigkeit an,
in der er Gott von Herzen anhängt.

27. September

Gott spricht:
»Ich bin der große Arzt für alles Siechtum
und handle wie ein Arzt,
wenn er den heilsbegierigen Kranken sieht.«

Gott komme Dir in all Deinen Nöten zu Hilfe
und lasse nicht zu, dass Du Dich umsonst abmühst.

28. *September*

Die Seele ist wie ein Wind, der über die Kräuter weht, und wie ein Tau, der auf die Gräser träufelt, und wie die Regenluft, die wachsen macht. Genauso strömt der Mensch sein Wohlwollen aus auf alle, die da Sehnsucht tragen.

29. September

Durch das Wort, das der Lebensquell selber ist,
kam die umarmende Mutterliebe Gottes hernieder.
Sie nährte uns zum Leben.
Sie steht uns bei in der Gefahr.
Sie ist das tiefste, mildeste Erbarmen,
das uns den Weg zur Umkehr zeigt.
Voll Mitleid gedachte Gott Seines großen Werkes,
Seiner kostbaren Perle, des Menschen,
den Er aus Erdenlehm gebildet
und dem Er den Atem des Lebens eingehaucht hatte.
Die Rettung der Liebe ist nicht von uns ausgegangen,
die wir unwissend und unfähig waren,
Gott zu unserem Heile zu lieben.
Er vielmehr, der Schöpfer und Herr aller Dinge,
hat Sein Volk so geliebt, dass Er, um es zu retten,
Seinen Sohn sandte.

30. September

O edelstes Grün,
Du wurzelst in der Sonne,
strahlst auf in leuchtender Helle
in einem Kreislauf,
den kein irdisches Sinnen begreift:
Du bist umfangen
von den Umarmungen der Geheimnisse Gottes.
Du schimmerst auf wie Morgenrot,
Du glühst in der Sonne Flammen!

O Du grünende Lebenskraft aus Gottes Hand,
mit der Gott seine Pflanzung gesetzt hat –,
sie leuchtet auf in strahlender Höhe.

Oktober

TERESA VON AVILA
(1515–1582)

Mitten in der Küche können wir sie vorfinden, wo sie gerade eine Wand weißt: Teresa von Avila. Mitschwestern schleppen Kochgeschirr heran. Andere versuchen in einem kargen Raum eine Kapelle herzurichten. Allen klebt Straßenschmutz an den Gewändern. Ihr Leben als Nonnen haben sie sich nun doch etwas anders vorgestellt! Da ertönt es nachdrücklich und energisch durch das verfallene Haus: »Meine Töchter, bedenkt, dass der Herr auch in der Küche inmitten der Töpfe uns nahe ist.«

Typisch Teresa von Avila. Ihre Theologie ist »geerdet« und vermag ebenso die tiefsten geistig-seelischen Bewegungen intellektuell-bildhaft zu betrachten. Scharfer Verstand und Sensibilität, Wissensdurst und Selbstironie prägen ihre Persönlichkeit.

Nun befindet sie sich wieder einmal auf einer strapaziösen Reise, um eines ihrer Klöster zu gründen. Ein »vagabundierendes Weib« schimpft man sie. Und sie fügt augenzwinkernd hinzu: »Der Herr gibt mir fortwährend schlechte Gesundheit, und wenn ich trotzdem alles tun kann, muss ich zuweilen darüber lachen.« Am Tag schafft sie nicht alle Arbeiten. Dann können wir sie in der Nacht beobachten. Sie sitzt auf dem Fußboden ihrer Zelle und schreibt. »Und die Zeit zum Schreiben muss ich mir gleichsam stehlen und nur mühsam komme ich dazu.« In abgerungenen Stunden entsteht neben anderen Schriften ihr Hauptwerk »Die innere Burg« (1577). Sie vergleicht unsere Seele mit einer Burg. Raum für Raum durchschreitet sie sie – einer Entdeckungsfahrt gleich – bis in das verborgenste Personenzentrum.

Es verwundert nicht, dass Teresa eine Burg als Vergleich wählt. Ihre Heimatstadt, Avila, zeigt sich mit wehrhaften Türmen. Hier wird Teresa am 28. März 1515 geboren und wächst in gutsituierten Verhältnissen auf. In ihrer Kindheit verschlingt sie Ritterromane. Sie genießt als heranwachsendes Mädchen die Vergnügungen, die sich den Jugendlichen ihres Standes bieten. Und doch vermag sie diese oberflächliche Lebensweise letztlich nicht zu befriedigen. Zu hungrig ist sie im Grunde nach Wissen und geistigen Herausforderungen. »Wer nicht wächst, schrumpft ein«, wird sie später trocken bemerken. Zu besetzt ist sie aber auch von der Angst der mittelalterlichen Menschen: plötzlich sterben zu müssen und vor Gott, dem Richter, zu stehen. Soll sie in ein Kloster eintreten? Das verspricht Sicherheit in geistlichen Angelegenheiten. Doch der Moment, in dem sie in das Karmeliterinnenkloster zu Avila hineingeht, fällt für sie furchtbar aus: »Es kam mir vor, als würden mir alle Gebeine aus den Gelenken gerissen.«

Der Klosteralltag gestaltet sich jedoch recht angenehm, aber er fordert Teresa weder in geistiger noch in seelischer Hinsicht voll und ganz heraus. Irgendwann erfährt sie, dass die ursprüngliche Ordensregel gelockert wurde. »Warum gründen wir keine Gemeinschaft mit der ursprünglichen Regel?«, fragt eine junge Mitschwester. Ein Sturm der Entrüstung bricht los, als sich einige Frauen ans Werk machen. »Ich wunderte mich darüber, wie unsere Gegner meinen konnten, dass zwölf Nonnen mit ihrer Priorin bei einem so strengen Leben der Stadt so großen Schaden verursachen konnten.« Doch allen Schwierigkeiten zum Trotz lebt Teresa ab 1562 mit ihrer Gemeinschaft in ihrem Kloster St. Joseph. Diese Zeit bezeichnet sie als die schönste in ihrem Leben.

1567 ist es mit der Ruhe vorbei. Die 53-Jährige erhält den Auftrag, weitere Klöster nach der Ordnung der »unbeschuhten Karmeliterinnen« – wie sie in Absetzung zu der Kongregation der milderen Regel heißen – zu gründen. Anfeindungen treffen sie. Aber sie kennt das, hatte man doch ihre mystischen Erfahrungen bekämpft, weil Frauen dafür angeblich nicht in der Lage seien. Manche Ordensvorgesetzten verübeln ihr ihre Selbstständigkeit. Sie zwingen sie zur Leitung ihres ersten Klosters in Avila, das im Gegensatz zu St. Joseph bei der milden Regel geblieben ist. Zum Glück ist die Aufgabe zeitlich begrenzt. Der eigentliche Schlag erfolgt noch: alle von Teresa gegründeten Klöster seien zu schließen, falls sie nicht zur milden Regel zurückkehren. Teresa selbst hat sich in ein Kloster zu begeben und es nicht mehr zu verlassen. In diesem Jahr, 1578, meint sie, ihr Lebenswerk sei zerstört. Endlich greift der König, Philipp II., ein und zitiert den päpstlichen Nuntius zu sich. Teresa kann ihr aufreibendes Werk wieder aufnehmen. Inmitten der äußeren Turbulenzen vollzieht sich ihr innerer Weg. Die Seele erfährt ein Einssein mit Gott, wie es nur wenigen Menschen zuteil wird: »… wie wenn Wasser vom Himmel in einen Fluss oder eine Quelle fällt, wo alles nichts als Wasser ist, so dass man weder teilen noch sondern kann, was nun das Wasser des Flusses ist und was das Wasser, das vom Himmel gefallen ist.«

Teresa stirbt am 4. Oktober 1582 in Alba de Tormes. Die Heiligsprechung erfolgt im Jahr 1622. 1970 erhält sie den Titel einer Kirchenlehrerin. Ihr Heiligentag ist der 15. Oktober.

Zum Weiterlesen:
Teresa von Avila, Die innere Burg, Zürich 1979 (Diogenes)

1. Oktober

Nichts soll Dich ängstigen,
Nichts Dich erschrecken.
Alles vergeht,
Gott bleibt derselbe.
Geduld erreicht alles.
Wer Gott besitzt,
dem wird nichts fehlen.
Gott allein genügt.

2. Oktober

Nicht wenig Elend und Verwirrung kommen daher,
dass wir durch eigene Schuld uns selber nicht
verstehen und nicht wissen, wer wir sind.
Erschiene es uns nicht als eine schreckliche
Unwissenheit, wenn jemand keine Antwort wüsste
auf die Frage, wer er ist, wer seine Eltern sind
und aus welchem Lande er stammt?
Wäre dies ein Zeichen viehischen Unverstands,
so herrschte in uns ein noch unvergleichlich
schlimmerer Stumpfsinn, wenn wir uns nicht
darum kümmerten, zu erfahren, was wir sind,
sondern uns mit diesen Leibern zufrieden gäben
und folglich nur so obenhin, vom Hörensagen,
weil der Glaube es uns lehrt, davon wüssten,
dass wir eine Seele haben.
Aber welche Güter diese Seele in sich bergen mag,
wer in ihr wohnt und welch großen Wert sie hat,
das bedenken wir selten, und darum ist man
so selten darauf bedacht, ihre Schönheit
mit aller Sorgfalt zu bewahren.

3. Oktober

Gut ist es, dass man sich
einer größeren Einsamkeit befleiße,
um dem Herrn in der Seele Raum zu geben
und Seine Majestät darin schalten zu lassen
wie in Ihrem Eigentume.
Außerdem tue man nichts,
als dass man von Zeit zu Zeit mit einem Worte
sanft nachhelfe, gleich einem,
der auf eine erloschene Kerze hinbläst,
um sie wieder zu entzünden;
dieses Anblasen muss, wie gesagt,
ein sanftes sein, damit nicht durch Ordnen
vieler Worte vonseiten des Verstandes
der Wille gestört werde.

4. Oktober

Ich weiß wirklich nicht, wo dies endlich hinaus will;
denn noch bin ich nicht fünfzig Jahre alt,
habe aber schon so viele Veränderungen gesehen,
dass ich mich im Leben nicht mehr auskenne.
Wie wird es erst jenen ergehen,
die jetzt auf die Welt kommen
und noch viele Jahre leben werden?

5. Oktober

Kommt über Eure kleinen dürftigen Werke hinaus.

Man kämpft mit größerem Mute,
wenn man weiß,
dass man nicht mehr umkehren darf,
mag kommen, was da wolle.

Achtet nicht auf die Besorgnisse,
die man Euch einflößt,
noch auf die Gefahren,
die man Euch vormacht!

Verbannt aus Eurer Seele und Eurem Geiste
alle Zaghaftigkeit!

6. Oktober

Bedenken Sie, dass wir auch dem Leib
eine Sorgfalt angedeihen lassen müssen,
damit der Geist nicht unterliege.

Geben Sie sorgfältig darauf Acht,
dass Sie sich des notwendigen Schlafes
nicht berauben und genügend Nahrung
zu sich nehmen.
Denn bei dem Verlangen,
etwas für Gott zu tun,
achtet man nicht auf die Fehler,
die man in dieser Hinsicht begeht,
und man bemerkt den Schaden erst dann,
wenn er schon erfolgt ist.

7. Oktober

Ich möchte unsere Seele als eine Burg betrachten,
die ganz aus einem Diamant oder einem
sehr klaren Kristall besteht und in der es viele
Gemächer gibt, gleichwie im Himmel
viele Wohnungen sind.
Denn wenn wir es recht betrachten,
so ist die Seele des Gerechten nichts anderes
als ein Paradies, in dem der Herr,
wie Er selbst sagt, Seine Lust hat.
Nun, was meint Ihr,
wie wohl die Wohnung sein mag,
in der ein solch mächtiger,
weiser und reiner König, der sehr reich an Gütern
jeglicher Art ist, sich ergötzt?
Ich finde nichts, mit dem sich
die große Schönheit einer Seele, ihre Weite
und ihre hohe Befähigung vergleichen ließe.

8. *Oktober*

Denken Sie doch immer an die Gnaden,
die Sie aus der Hand des Herrn empfangen,
damit die Liebe in Ihnen zunehme,
und quälen Sie sich nicht
mit jenen Armseligkeiten ab,
die sich bei uns allen
in recht großer Zahl vorfinden.

9. *Oktober*

Übrigens war mir Leben oder Sterben einerlei.
Es ist dies eine Gnade Gottes,
die ich für sehr groß erachte;
denn ich gedenke noch der Furcht,
die ich in früheren Jahren vor dem Sterben hatte.

Bemüht Euch, die Furcht vor dem Tode abzulegen,
und gebt Euch ganz in die Hand Gottes!
Komme dann, was da wolle.

10. Oktober

Bedenkt doch um Gottes willen, dass Ihr irregeht,
wenn Ihr auf Ehrenpunkte etwas haltet!
Denn dieser Pfad ist verfehlt von Anfang an.

O mein Gott, wie armselig sind
doch die Eitelkeiten der Welt!
Wahrhaftig, das beste ist,
weder Ruhe noch sonst etwas von ihr zu verlangen,
sondern alles,
was uns betrifft, in die Hände Gottes zu legen,
Er weiß besser, was uns zuträglich ist.

Ich habe vor dem Verlangen,
eine vornehme Frau zu sein,
einen gründlichen Abscheu bekommen.
Gott bewahre mich vor einem falschen Anstande!

11. Oktober

Tut das, was am meisten Liebe bei Euch erweckt.
Vielleicht wissen wir aber gar nicht, was Liebe ist.
Das würde mich nicht sehr wundern;
denn es besteht nicht in dem größeren Genuss,
sondern in der größeren Entschlossenheit,
Gott in allem erfreuen zu wollen.

12. Oktober

Die Seele

Es ist nun einmal notwendig,
dass wir unsere Seele sanft führen.

Es ist von großer Wichtigkeit,
dass man eine Seele ja nie lange
und gleichsam in einem Winkel einzwängt.

Ein großer Nachteil,
der sich aus einem vorzeitigen Eifer
für das geistliche Wohl des Nächsten ergibt,
ist der, dass die eigene Seele
dadurch Einbuße erleidet.

Wir müssen wissen, dass es, wie in der äußeren Welt,
so auch in der inneren, verschiedene
Witterungen gibt.

13. Oktober

Tägliches Leben

Rede von keiner Sache mit Übertreibung,
sondern sage Deine Sache mit Mäßigung.

Denke nicht an die Fehler anderer,
sondern an ihre Tugenden
und an Deine eigenen Fehler!

Entschuldige Dich nie,
wenn Du nicht einen sehr triftigen Grund hast.

Was Dich nicht angeht, davon rede
und danach frage nicht vorwitzig!

14. Oktober

Das Gebet

Das Gebet vermag alles.

Sobald man zu beten anfängt,
wird man erfahren, wie die Sinne sich sammeln,
den Bienen gleich, die zum Korbe fliegen
und dort Honig bereiten.

Glauben Sie ja nicht, dass Sie mehr
dem Gebete obliegen würden,
wenn Sie viel Zeit hätten.
Sehen Sie diesen Irrtum ein;
denn bei guter Verwendung der Zeit
leidet das Gebet keinen Schaden.

Jene Gebetsweise ist am vortrefflichsten
und Gott am angenehmsten,
die die besten Früchte hervorbringt.
Ich meine hier solche Früchte,
die sich durch nachfolgende
gute Werke bewähren.

15. Oktober

Tag der Teresa von Avila

Es begegnete mir, dass mich plötzlich
ein Gefühl der Gegenwart Gottes überkam,
so dass ich ganz und gar nicht zweifeln konnte,
Er sei in mir oder ich sei ganz in Ihn versenkt.
Dadurch wird die Seele so in Staunen versetzt,
dass sie ganz außer sich zu sein scheint.
Der Wille liebt, das Gedächtnis scheint mir
beinahe verloren, der Verstand denkt,
wie mir scheint, nicht nach,
verliert sich aber auch nicht, sondern ist,
wie gesagt, nur untätig
und vor Staunen hingerissen.

16. Oktober

Ich weiß wohl,
dass alles menschliche Wissen nichts ist.
Aber hätte ich doch die ganze Wissenschaft
und Beredsamkeit aller Sterblichen zusammen,
um, soweit es hienieden möglich ist,
nur eine von den vielen Eigenschaften,
die wir hier betrachten können,
recht zu verstehen und zu erklären,
damit wir wenigstens einigermaßen
das Wesen dieses Herrn,
dieses unseres höchsten Gutes erkennen würden!

17. Oktober

So vielerlei Anfechtungen sind es,
die die Seele im Inneren mit solch
unerträglicher Qual bedrängen,
dass ich nicht weiß,
mit wem sonst ich sie vergleichen könnte
als mit denen, die in der Hölle schmachten.
Denn keinerlei Trost wird in diesem
rasenden Sturm gewährt.
Es bleibt einem in diesem Sturm nichts weiter übrig,
als auf das Erbarmen Gottes zu warten,
welches unversehens durch ein einziges Wort
oder durch irgendetwas anderes alle Bedrängnis
so rasch zerstreut, dass es scheint,
als sei die Seele nie umwölkt gewesen.
Von Sonne ist sie dann durchflutet
und erfüllt von strahlenderem,
reicherem Troste als je zuvor.

18. Oktober

Gewöhnt Euch daran,
Jesus stets bei Euch zu haben!
Ihr werdet Ihn dann sozusagen nicht mehr
von Euch verscheuchen können,
wenn Er sieht, dass Ihr dies aus Liebe zu Ihm tut
und bemüht seid, Ihm zu gefallen.
Er wird Euch niemals verlassen,
wird Euch beistehen in allen Nöten
und überall werdet Ihr Ihn bei Euch finden.
Meint Ihr, es sei etwas Geringes,
einen solchen Freund an der Seite zu haben?

19. Oktober

Wenn sich die Seelen gar nie höher
hinaufschwingen, so werden sie immer
das aus diesem Boden entspringende Wasser
der Beängstigungen, des Kleinmutes
und der Verzagtheit in sich aufnehmen.
Tausend Gedanken werden sie da beunruhigen
und verwirren, wie zum Beispiel:
Werden nicht andere die Augen auf mich richten?
Wird mir der Wandel auf diesem Weg
keinen Nachteil bringen?
Darf ich es wagen, ein solches Werk
zu unternehmen?

20. Oktober

Wäre es gut, mit der Reise von einem Land
in ein anderes ein ganzes Jahr lang
bei Schneegestöber und Regengüssen
auf schlechten Wegen und
in unbequemen Herbergen zuzubringen,
wenn wir sie in acht Tagen zurücklegen könnten?
Wäre es da nicht besser,
die Reise auf einmal abzutun?

21. Oktober

Obgleich Er der Herr ist,
kann ich doch mit Ihm umgehen
wie mit einem Freunde, denn ich sehe wohl,
dass Er nicht ist wie die irdischen Herren,
die ihre ganze Herrlichkeit auf
ein erborgtes Ansehen gründen.
Man kann nur zur bestimmten Stunde
mit ihnen sprechen, und nur angesehene Personen
finden Zutritt; hat aber ein Armer ein Anliegen,
wie viele Umschweife, wie viel Gunst und Mühe
sind da nötig, damit er es vorbringen kann.

22. Oktober

Zuweilen ist meine Seele ganz »blöde«,
denn ich tue da, wie mir scheint,
weder Gutes noch Böses, sondern gehe,
wie man zu sagen pflegt,
nur dem gemeinen Haufen nach.
Ich empfinde da weder Leid noch Freude;
ich bin gleichgültig gegen Leben und Tod;
es ist mir weder wohl noch wehe,
und ich scheine gefühllos gegen alles zu sein.
Ohne Zweifel empfängt die Seele in diesem Zustande
große Gnaden von Gott,
weil ihr ein so elendes Leben nicht zur Pein wird
und sie es mit Gleichmut erträgt.
Dieser Zustand kommt mir im Augenblick
wie eine Schifffahrt bei ruhigem Wetter vor;
ohne dass man es merkt, kommt man weit vorwärts.

23. Oktober

Quälen wir andere, die in kürzerer Zeit
weiter vorankommen, nicht dadurch,
dass wir sie zur Rückkehr zwingen,
damit sie mit uns gleichen Schritt einhalten,
und verlangen wir nicht, dass jene,
die mit den von Gott empfangenen Gaben
wie Adler fliegen,
nur wie gebundene Hühnlein voranschreiten!

24. Oktober

Helfen Sie sich selbst,
und der gute Jesus wird Ihnen auch zur Hilfe eilen.
Scheint Er auch auf dem Meer zu schlafen,
so wird Er doch, wenn der Sturm entfesselt ist,
den Winden Ruhe gebieten. Er will,
dass wir Ihn bitten, und Er liebt uns so innig,
dass Er unablässig nach Mitteln sucht,
uns zum Fortschritt zu verhelfen.

25. Oktober

Ich sage oftmals: mit der eitlen Ehre,
so unbedeutend sie auch scheinen mag,
verhält es sich wie bei dem Orgelspiele.
Durch eine einzige verfehlte Note
oder durch einen einzigen verfehlten Takt
wird die ganze Musik verstimmt.
Die Ehrsucht ist in jeder Hinsicht der Seele
sehr schädlich, aber auf dem Wege des Gebets
ist sie eine Pest.

26. Oktober

Die Veränderungen der Witterung
und der Umlauf der Körpersäfte üben oftmals
einen solchen Einfluss auf die Seele,
dass sie ohne ihre Schuld nicht tun kann,
was sie will, sondern auf alle mögliche Weise leidet;
und je mehr man zu solchen Zeiten
der Seele Gewalt antun will,
desto mehr verschlimmert sich das Übel
und desto länger hält es an.

27. Oktober

Ratschläge

Lassen Sie sich nicht hinreißen
zu einer unangebrachten Demut.

Gebt Euch niemals einer so großen Sicherheit hin,
dass Ihr die Möglichkeit eines Rückfalls
nicht mehr fürchtet!

Überschätzen wir uns nicht
und machen wir keine Schulden,
zu deren Bezahlung wir nichts haben!

Hütet Euch vor fremden Sorgen!

28. Oktober

Was ich aber nicht zu ertragen vermag,
o Herr, ist der Gedanke,
dass ich nicht gewiss sein kann,
ob ich Dich liebe und mein Verlangen
vor Dir angenehm ist.
O mein Herr und mein Gott,
erlöse mich doch von allem Übel
und lass es Dir gefallen,
mich dorthin zu führen,
wo alles Gute zu finden ist!

29. Oktober

Dadurch, dass wir unbedeutende Dinge
an anderen beobachten,
die manchmal kaum Unvollkommenheiten sind,
sondern von uns vielleicht nur aus Unwissenheit
übel aufgenommen werden,
kann sowohl der eigene Seelenfrieden schwinden
als auch der Frieden anderer gestört werden.

30. Oktober

Dadurch, dass man sich geirrt hat und den Irrtum
einsieht, wird man viel gewinnen,
um in der Folge das Rechte zu treffen;
man erwirbt sich nämlich auf diese Weise Erfahrung.

Die Erfahrung, die in allem eine Hauptsache ist,
wird uns zu erkennen geben, was gut für uns ist.

31. Oktober

Gedenke, dass Du nur eine Seele hast und nur einmal sterben wirst; dass Du nur ein Leben, und zwar ein kurzes, Dir selbst eigenes Leben hast, dass es nur eine, und zwar ewige Glorie gibt! Auf diese Weise wirst Du von vielen Dingen lassen.

November

Elisabeth von Schönau
(um 1129–1164)

Margarethe Ebner
(um 1291–1351)

Elisabeth von Schönau

Eigentlich ist sie von Natur aus schüchtern. Es liegt ihr nicht, die Aufmerksamkeit auf sich zu lenken. Am liebsten würde Elisabeth wohl zurückgezogen im benediktinischen Doppelkloster zu Schönau (Nassau) leben. Doch ihre Gespräche mit Gott, ihre Visionen und Auditionen zwingen sie geradezu, sich öffentlich zu äußern. Mit welcher Wortmacht sie dann hervortritt! Die Schärfe ihrer Kirchen- und Gesellschaftskritik steht der ihrer Briefpartnerin Hildegard von Bingens (s. Hildegard von Bingen, Texte für den September) in nichts nach. Wie Hildegard einst auf dem Disibodenberg fungiert auch sie als Meisterin der Frauengemeinschaft. In ihrer Spiritualität neigt sie zu starker Askese. Hildegard mit ihrem Sinn für das »diskrete Maß« warnt sie davor – zumal sie Krankheiten quälen.

Elisabeths Bruder Egbert tritt auf ihr Drängen hin ebenfalls in das Doppelkloster ein. Unter ihrer Anleitung schreibt er ihre drei Schriften nieder: das »Visionenbuch«, das »Buch der Gotteswege« und die »Offenbarungen über die heilige Heerschar der Kölner Jungfrauen«. Auch sind einige Briefe erhalten.

In ihrem »Visionenbuch« erzählt Elisabeth, wie sie von heftigen, marternden körperlichen Symptomen heimgesucht wird. Es erfolgt eine Schau in die himmlischen Regionen. Sie hört Christus, Maria, Heilige und Engel sprechen. Auch nimmt sie Szenen aus dem Leben Jesu wahr.

In den »Gotteswegen« deutet Elisabeth nur ein einziges Bild: auf den Berg der Gottesnähe führen verschiedene Wege. Auf ihnen schreiten Menschen der unterschiedlichen sozialen Schichten voran. Elisabeth vermittelt ihnen Verhaltensregeln.

Das »Offenbarungsbuch« rankt um die Legende über die heilige Ursula. Es fällt in seiner Qualität stark ab. Kaum möchte man glauben, dass es von derselben Autorin stammt.

Elisabeth stirbt bereits mit Mitte dreißig. Ihre Schriften finden im Mittelalter zeitweilig mehr Beachtung als die Hildegards.

Ihr Heiligengedenktag ist der 18. Juni. Allerdings treffen ihre Worte zu Frieden und Umkehr mit den Bußanliegen und der Friedenswoche am Ende des Kirchenjahres eher zusammen.

Zum Weiterlesen:
Elisabeth von Schönau, in: Erhebe dich, meine Seele. Mystische Texte des Mittelalters, Stuttgart 1988 (Reclam)

Margarethe Ebner

In der Nähe der schwäbischen Stadt Günzburg an der Donau liegt das Kloster Maria Medingen. Es ist nicht so bekannt wie die Abtei St. Hildegard oberhalb Eibingens am Rhein oder wie das Kloster zu Helfta bei Eisleben. Auch die Mystikerin, die hier lebte, ist nicht so »prominent« wie eine Hildegard von Bingen oder eine Mechthild von Magdeburg. Doch lohnt es sich durchaus, sich mit Margarethe Ebner auseinander zu setzen. Sie stammt aus einer Patrizierfamilie in Donauwörth. Mit ungefähr fünfzehn Jahren tritt sie in das Dominikanerinnen-Kloster zu Medingen ein. Entspricht das Leben, das nun auf sie wartet, nicht ihrem Wesen? Empfindet sie es als aufgezwungen? Kasteit sie sich zu hart? Fastet sie zu rigoros? Jedenfalls erleidet sie im Alter von zwanzig Jahren einen körperlichen Zusammenbruch. Drei harte Jahre folgen. Sie spürt: sie droht dem Konvent eine Last zu werden. Auch in den kommenden Zeiten bricht die Krankheit immer wieder hervor. Dankbar empfindet Margarethe Ebner die Pflege, die ihr zwei Frauen zuteil werden lassen. Deren beider Tod trifft sie tief. In den endlosen Stunden auf dem Krankenlager betet sie den Psalter, das Vaterunser und vertieft sich in die Passion Christi. In dieser Einsamkeit reift eine mystische Intensität heran. Margarethe konzentriert sich auch in gesunden Phasen auf das Leiden und das Kreuz Jesu. Ihren Mitschwestern widmet sie wohl keine große Aufmerksamkeit.

1332 lernt sie Heinrich von Nördlingen kennen. Als ihr Beichtvater ermutigt er sie, ihre »Offenbarungen«

niederzuschreiben. Sie korrespondiert mit ihm. Sie gewinnt Kontakt zu den so genannten »Gottesfreundinnen und -freunden«, einer Bewegung, die dem armen Jesus nachfolgen will. Mit ihren Briefkontakten überwindet sie als Nonne die Klostermauern.

Im Alter erlangt Margarethe durch ihre Konzentration auf die Kindheit Jesu einen weiteren Schwerpunkt ihrer Mystik. Margarethe Ebner stirbt 1351. Sie wird selig gesprochen. Ihr Gedenktag ist der 20. Juni. Ihre Schrift spricht jedoch eher zum Ende des Kirchenjahres an oder in der Leidenszeit.

In Maria Medingen befindet sich in der Margarethenkapelle ihre Grabstelle. Heute wirken hier Franziskanerinnen und versuchen, die Erinnerung an Margarethe Ebner lebendig zu erhalten.

Zum Weiterlesen:
Margarethe Ebner, in: Erhebe dich, meine Seele. Mystische Texte des Mittelalters, Stuttgart 1988 (Reclam)

1. November

Erstarke durch den Heiligen Geist!

Tröste Dich im Heiligen Geist
und vertraue auf den Herrn, Deinen Gott.

Ein Instrument des Heiligen Geistes bist Du.

ELISABETH VON SCHÖNAU

2. November

Führe das Werk des Herrn wie bisher weiter!
Denn der Herr hat Dich zur Arbeiterin
in Seinen Weinberg bestellt.
Der Hausvater suchte ja Arbeiter
für Seinen Weinberg und fand sie alle müßig,
da niemand sie gedungen hatte.
Der Weinberg des Herrn hat keinen Bebauer.
Der Weinberg des Herrn geht zugrunde.
Wehe, was wird daraus werden!
Denn der Herr findet wenige in Seiner Kirche,
die mit brennendem Herzen darüber nachsinnen.
Jeder trachtet danach, sich selbst zu regieren
und den eigenen Willen durchzusetzen.
Der Herr hat die Kirche geprüft
und sie schlafend gefunden.

———

ELISABETH VON SCHÖNAU

3. *November*

Christus spricht:
»Wenn Du wandeln willst,
so wie Ich gewandelt bin,
dann achte auf Meine Fußspuren.
Wende Dich weder zur Rechten noch zur Linken,
sondern folge Mir nach,
und so gelangst Du zu Mir,
der Ich gesagt habe:
›Ich bin der Weg, die Wahrheit und das Leben.‹«

Elisabeth von Schönau

4. November

O Ihr Elenden und Unglücklichen,
die Ihr Euch Schätze sammelt im Niedrigen!
Wisst Ihr nicht, dass die Vornehmen
und Mächtigen untergehen am Tage
des Gerichtes und dass die Reichen
und Weisen trauern werden?
Was für ein elendes und armseliges Ding
ist der Ruhm dieser Welt.
Wehe denen, die danach streben!

Elisabeth von Schönau

5. *November*

Nun begehre ich, dass Du von dem Kriechen erhoben wirst zu dem hohen Flug des Adlers.

Ich begehre für Dich das starke gewaltige Vermögen Gottes gegen alle Widerwärtigkeit, die an Dir zunichte wird gegenüber dem Lichte der Wahrheit.

MARGARETHE EBNER

6. *November*

Ich sah jene mich verlassen,
die vorher gerne um mich waren.
Besonders wenn es mir recht übel ging,
so schieden sie von mir und sagten,
es leide sie nicht mehr bei mir.
Da dachte ich, dass Gott allein die wahre Treue sei,
der nimmer mich verließe,
und übergab mich da dem Willen Gottes
und begehrte, dass nimmer Er gesund mich mache,
wenn nicht zugleich an Leib und Seele.

Margarethe Ebner

7. November

So wohl bekam das Schweigen mir,
dass ich in einen besonderen Frieden gesetzt wurde,
wenn ich schwieg,
in dem ich alle Widrigkeit mit Gnade überwand.

Ich bin auch gern allein,
und es verdrießt mich,
irgend äußerliche Dinge hören zu müssen.

MARGARETHE EBNER

8. *November*

Sonderlich unterm Vaterunserbeten
überkommt es mich oft so mächtig
mit einer starken Gnade,
die meine menschlichen Sinne übersteigt,
und dann gedenk ich, dass ich von dem Überfluss
der Gnade aus einem Vaterunser
mein Leben lang ausreichen könnte.
Darin ist mir dann also wohl,
dass ich gedenke: Ist das Himmelreich noch mehr,
das kann mein menschlicher Sinn
dann nicht begreifen.

Margarethe Ebner

9. November

Aus einer Vision

Da erwuchs in strahlendem Glanz
und blendender Helligkeit ein Kreis
und ich erkannte, das war der Kreis der heiligen Engel.
Inmitten aller aber war einer von so unendlicher
ruhmvoller Herrlichkeit und Majestät,
dass ich es nicht aussprechen kann,
und dessen herrlichen Thron umgab ein strahlender,
blitzender Regenbogen.

Elisabeth von Schönau

10. November

Der Engel des Herrn stand neben mir und sprach:
»Rufe laut und sprich ›Wehe‹ zu allen Völkern,
denn die ganze Welt ist in Finsternis gewandelt.
Sage weiter: ›Geht hinaus!
Er hat Euch gerufen,
der Euch aus Erde gebildet hat.
Und Er spricht: Tut Buße,
denn das Reich Gottes ist nahe.‹«

ELISABETH VON SCHÖNAU

11. November

Wenn eine Trübsal auf mir lag
und ich trat vor unseren Herrn vor Seinen Altar,
so wurde sie mir abgenommen
durch die Gnade Gottes und war mir wohl
wie einem, der eine schwere Bürde trägt
und nun ablädt.

MARGARETHE EBNER

12. November

Steht auf, reißt Euch hoch und seid wachsam!

Gott bezeichnete mir häufig durch Seinen Engel,
was über Sein Volk in diesen Tagen kommen werde,
wenn sie nicht Buße täten
über ihre Ungerechtigkeiten;
und Er befahl mir,
ich sollte dies öffentlich verkündigen.

Weinet, Ihr Hirten, schreit,
bestreut Euch mit Asche und tut Buße!
Gebt dem Teufel nicht Raum,
denn er geht umher wie ein brüllender Löwe
und sucht, wen er verschlingen kann.
Selig der Mensch, der den Herrn
der ganzen Schöpfung so fürchtet,
dass er Ihn, den Hohenpriester, anfleht,
die Schmach von Seinem Volke zu nehmen.

ELISABETH VON SCHÖNAU

13. November

Allezeit bin ich in großer Furcht
vor unserem Herrn darüber,
dass ich nicht der Gnade Gottes lebe,
noch danach handle,
wie ich in Wahrheit sollte.

Margarethe Ebner

14. November

Fürchte Dich nicht, sondern führe das zu Ende,
was Du begonnen hast.

Weiche nicht ab zur Rechten und zur Linken,
sondern strecke die Hand demjenigen entgegen,
der alles Böse in Gutes zu wenden weiß.

Elisabeth von Schönau

15. November

Der Engel des Herrn sprach zu mir:
»Der Herr hat die Bedrängnis Seines Volkes
gesehen und den Zorn Seiner Entrüstung
von ihm abgewandt.«
Ich entgegnete ihm: »Was aber, o Herr, wird mir?
Werde ich nicht allen, unter denen die Rede
von Gottes Zorn verbreitet wurde,
zum Gespött werden?«
Er sprach: »Alles, was Dir aus diesem Anlass
widerfährt, sollst Du geduldig und willig tragen.
Richte Deine Augen aufmerksam auf den,
der, obwohl Er der Schöpfer der ganzen Welt ist,
den Spott der Menschen ertrug.«

Gott spricht:
»Fürchte Dich nicht, denn ich bin mit Dir
alle Tage Deines Lebens.«

Elisabeth von Schönau

16. November

Ich vermochte kein anderes Gebet
als beharrlich wiederkehrende Rede,
die mir innerlich gegeben wurde von der
göttlichen Kraft Gottes und der ich nicht
widerstehen konnte,
von der ich nichts zu schreiben weiß,
als dass der Name Jesus Christus
oft und oft darinnen war.
Von andrer Leute Rede lebte ich eingezogen,
von dieser Rede aber abzulassen
hatte ich nicht Gewalt.
Das drang mir aus dem Herzen
und irgendeine Furcht der Sinne lag darin.
So es mich also mächtig überkam,
ward Antwort mir durch Gottes Gegenwart
in also süßer Lust:
»Ich bin nicht ein Berauber der Sinne,
ich bin ein Erleuchter der Sinne.«

MARGARETHE EBNER

17. November

Gott spricht:
»Ihr aber, die Ihr mein Volk seid,
verleugnet die Religion nicht,
die Ihr in Eure Herzen eingepflanzt habt,
um die Welt zu besiegen und den Himmel
im Geist zu ergreifen und zu besitzen!
Ich sage Euch: wendet Euch hinweg von denen,
die solcher Art sind, damit Euch nicht
das Gleiche zuteil wird!
Bleibt standhaft und geht unerschütterlich
auf dem Weg des Schauens, den Ihr erwählt habt,
und reinigt die Augen Eures Herzens,
erhebt sie in die Höhe, zum Himmel,
damit Ihr gekräftigt werdet in der Beschauung
des Lichtes, in dem Euer Leben
und Eure Erlösung wohnt.«

ELISABETH VON SCHÖNAU

18. November

Gott spricht:
»O Ihr Törichten, zum Glauben Herzensträgen!
Wisst Ihr denn nicht, wenn irgendjemand
Mich sucht mit seinem ganzen Herzen,
siehe, dann bin Ich ihm zur Hilfe da?

Ich, der Herr, bin bei Dir in allen Tagen
Deines Lebens, Ich werde Dich nicht verlassen
in der Zeit der Trübsal und Angst,
Ich werde Dich retten und Dich behüten
wie Meinen Augapfel.«

———

ELISABETH VON SCHÖNAU

19. November

Mein Herz überkam der allergrößte Schmerz
und ein Leid, so bitter, als ob ich wirklich
das schmerzliche Leiden Christi mit meinen Augen
sähe und zu der Zeit alles vor mir geschehen wäre.
Ich war bis zu dieser Zeit rechten Leides
all mein Lebtag noch niemals inne geworden.

Margarethe Ebner

20. November

Gib uns, mein Herr,
Deine grundlose Erbarmnis,
in der wir geläutert und gereinigt werden
von allen unseren Schulden,
damit wir also lauter erscheinen
vor dem Spiegelglanz
Deines göttlichen Antlitzes.

MARGARETHE EBNER

21. November

»Ich habe Euch gerufen«, spricht der Herr,
»und ich rufe wiederum; wer ist es,
der mich erhört, und wer ist es,
der meinen Lehren zustimmen und mir folgen wird?
Komm und folge mir nach.
Und Ich werde erproben, ob Du wahrhaftig
und aufrichtig bist oder nicht.
Du sollst standhaft bleiben und durchhalten.
Ich will nicht, dass Du im Kampf unterliegst
und versagst. Wer nämlich tapfer
und recht gekämpft hat bis ans Ende,
der wird gerettet werden.«

ELISABETH VON SCHÖNAU

22. November

Ich bekenne das von meinem Herrn und Gott,
dass Er sich gibt mit kräftig großer Gabe
und dass in Nöten Er der wahre Freund ist,
der niemanden verlassen kann und will.

Auch wenn ich an die Hölle denke,
verfalle ich in keinen Schrecken,
da Gottes Gegenwart mir dort
so wenig fehlen wird als im Himmel.

Margarethe Ebner

23. November

Und diese Welt wird vergehen,
und ihre Blüte wird untergehen.
Ihr aber werdet als Liebhaber Gottes
und des Lichtes erfunden,
und Ihr werdet auf die Nacken der Hochmütigen
Euren Fuß setzen. Alle, die es sehen,
werden über Euren Reichtum
und über Eure Ehrung in Bestürzung geraten,
und sie werden staunen, wenn Eure Schätze
enthüllt werden, die Ihr Euch im Himmel
angesammelt habt.
Dann wird auch ausgelöscht werden,
was an Eurer Beschauung unvollkommen ist;
und der Anblick des ewigen Lichtes wird die Augen
Seiner Adler auf sich ziehen und lenken,
und wie ein wogender Strom
so wird Sein Glanz in die Herzen aller sich ergießen,
die in Wahrhaftigkeit das Licht suchen.

Elisabeth von Schönau

24. November

Mir ward auch von der Güte Gottes
ein so sicherer Weg gewiesen in das ewige Leben,
ganz ohne Furcht und Schrecken in den Tod
zu gehen wie in ein Bett:
so große Kraft empfand ich göttlichen Vertrauens
auf die Erbarmung Gottes.

Margarethe Ebner

25. November

Wenn ich etwas rede von unserem Herrn,
so werde ich manchmal mit der Gnade Gottes
so innerlich berührt, dass ich muss schweigen
und kein Wort kann sprechen.
Das weiß mein Herr wohl,
dass mir alle Rede überdrüssig ist zu hören
und zu reden, und wenn es doch
zur müßigen Rede kommt,
dass ich darum großes Leid und Unmut habe.

MARGARETHE EBNER

26. November

Wenn durch Schmerzen und Drangsale
und Armut Euer Leben geschwächt
und geknechtet wird, dann seid nicht traurig
und wendet Euer Auge nicht weg vom Anblick
des Lichtes, das vor Eurem Gesicht ist.
Seht, es ist nahe.

Elisabeth von Schönau

27. November

Gott spricht:
»Aus welchem Grund wendet Ihr das Gesicht weg
von der Betrachtung des Antlitzes Jenes,
der Euch so großen Wert unter den Menschen
gegeben hat, die Ihr als Friedensbringer
auserwählt seid in der Welt?
Ihr Kinder des Friedens, wendet Eure Ohren weg
vom Geschrei der Welt und gebt sie hin
und lauscht der Stille des Geistes,
der in Euch spricht.«

ELISABETH VON SCHÖNAU

28. *November*

Ihr seid die brennenden Lampen,
die der Herr auf Seinen heiligen Berg hingestellt hat,
damit Ihr durch Eure Worte und Beispiele
die Dunkelheit und Finsternis dieser Welt erleuchtet.
Seht darum zu, dass das Licht,
das in Euch ist, nicht vom Wind des Hochmuts
und Stolzes und der Begierde ausgelöscht wird.

ELISABETH VON SCHÖNAU

29. November

Engagiert im Glauben

Seid nicht bloß Hörerinnen,
sondern auch Vollbringerinnen des Wortes Gottes!

Traget Eure Lasten miteinander!

Lasst Euch nicht verwirren und beunruhigen,
noch Euren Geist zu Boden niederdrücken,
wenn Euch die Welt verachtet.

Elisabeth von Schönau

30. November

O Du wahre freudevolle Erquickung,
o wahre glückselige, durch die vollkommene
Erquickung würdige Gemeinschaft,
die Du Schaden und Verminderung nicht kennst,
die Du die Leere aufhebst und die Sünder
gerecht machst und die Sterbenden erquickst!
Du besiegst die entgegenstehenden Mächtigen,
und die Reuigen und Umkehrenden
bringst Du von der Erde in den Himmel.
Du tötest den Tod,
und Du verbürgst das ewige Leben.

Elisabeth von Schönau

Dezember

MECHTHILD VON MAGDEBURG
(um 1208–1282/97)

Mechthild von Magdeburg

Ganz allein in eine große Stadt zu ziehen – dazu gehört Mut. Ganz besonders im 13. Jahrhundert. Mechthild, ungefähr zwanzigjährig, bringt ihn auf. Sie geht nach Magdeburg, obgleich sie hier nach eigenem Bekunden niemanden kennt – bis auf einen einzigen Menschen. Leider verrät sie uns nicht, um wen es sich dabei handelt. Auch über ihre Herkunft bewahrt sie Stillschweigen. Ihre Sprache verrät höfischen Stil. Wir vermuten deshalb, dass sie von einer der Burgen im Umkreis Magdeburgs stammt. Eines jedoch gibt sie preis: im Alter von zwölf Jahren spürte sie die Nähe des göttlichen Geistes, bezwingend und unvergesslich. Diese Erfahrung lässt sie nicht los. Sie will und muss ihrer Gottesbeziehung leben. Mechthild bestreitet, dass sie ein ungeliebtes, sich selbst überlassenes Kind war, das sich zum Ausgleich in eine religiöse Phantasiewelt flüchtete. Sie betont, sie habe zu Hause genügend Beachtung gefunden. Doch meint sie, in der Anonymität der großen Stadt eher Konzentration auf das Göttliche zu finden. Und wieder schweigt sie: wir hören nicht, wie sie in Magdeburg wohnt. Schließt sie sich einer Frauengemeinschaft an? Gelingt es ihr, alleine auszukommen? Wovon bestreitet sie ihren Lebensunterhalt? Es glückt ihr jedenfalls, viel Zeit in Einsamkeit zu verbringen. Ihre Gottesbeziehung vertieft sich. Fast zwanzig Jahre wartet sie. Dann entsteht als Frucht des Alleinseins eines der bedeutendsten Bücher der deutschsprachigen Mystik: »Das fließende Licht der Gottheit«. Gott und die Seele miteinander verbunden in der Minne (Liebe) – das ist

Mechthilds Thema. Ihm versucht sie Sprache zu verleihen, der Dynamik dieses Geschehens wenigstens in ihren eigenen Augen annähernd gerecht zu werden. Sie gestaltet mit Bildern von unerhörter Kühnheit, mit dem Wechsel von Stilmitteln – Dialoge, Lyrik, Spruchweisheit – ihr Werk. Eindringlich lässt sie auch die Phasen der Gottverlassenheit vor den Lesenden erstehen. Diese Phasen bleiben ernsthaften Mystikerinnen und Mystikern nicht erspart. Später werden sie von der »dunklen Nacht der Seele« sprechen. Gott nähert sich der Seele nicht mehr. Nichts, aber auch gar nichts vermag darüber hinwegzuhelfen oder hinwegzutrösten. Düstere Gedanken drängen sich auf: hat Gott nur ein Spiel mit der Seele getrieben, um sie nun in unsägliche Qualen zu stürzen?

Zusätzlich belasten Mechthild die Anfeindungen gegen ihre Theologie. Ihre Eigenständigkeit im Denken ruft die Mittelmäßigen auf den Plan. Sie versuchen, sie am Weiterschreiben zu hindern. Ihrem Buch droht die Verbrennung. Immer wieder bewegt es sich »zwischen Scheiterhaufen und Verehrung« (Margot Schmidt). Beliebt macht sich Mechthild auch nicht durch ihre harsche Kirchenkritik. Sie ist durchaus nicht nur eine nach innen gerichtete Mystikerin. Wenn Gott durch eine veräußerlichte Kirche beleidigt wird, erträgt sie es nicht. Sie greift ein mit harten und unmissverständlichen Worten. Vermutlich schließt man sie für einige Zeit von den Sakramenten aus – ein Urteil, dessen Härte für einen mittelalterlichen Menschen wir kaum nachzuvollziehen vermögen.

Unterstützung erfährt Mechthild von ihrem Beichtvater, dem Dominikaner Heinrich von Halle. Er ermutigt sie in ihrem Schreibprozess und sorgt für Verbreitung des Werkes. Mit ungefähr 60 Jahren fasst Mechthild einen für sie schmerzlichen Entschluss. Sie, die das Alleinsein so sehr braucht, zieht in das Marienkloster zu Helfta bei Eisleben. Doch die Bedrängnisse und ihr gesundheitlicher Zustand zwingen sie zu diesem Schritt. Sie fürchtet sich vor dem Gemeinschaftsleben. Sie schließt mit ihrem Leben ab, obgleich das Kloster zu Helfta hochkultiviert ist und über einen außergewöhnlichen Bildungsstandard verfügt. Und nun geschieht das für Mechthild Unerwartete: die jungen Nonnen lassen sich von ihr inspirieren, wollen von ihr lernen. Sie prägt Mechthild von Hackeborn und Gertrud die Große von Helfta (s. Mechthild von Hackeborn, Texte für den Februar, und Gertrud die Große von Helfta, Texte für den Mai). Helfta wird zu einem Zentrum der Frauenmystik.

Doch im Laufe der Jahrhunderte wird Mechthilds Buch vergessen. Im 17. Jahrhundert tauchen noch vereinzelte Nachrichten darüber auf, die sich dann auch verlieren. Erst 1869 entdeckt P. Gall Morel in der Stiftsbibliothek zu Einsiedeln eine oberdeutsche Fassung.

Zögernd verweist er auf die Gewagtheit der Gedanken, die nach seiner Auffassung manchmal an das Häretische grenzen. Aber er veröffentlicht die Schrift, die heute auch im Hochdeutschen zugänglich ist. Mechthild erzählt vom Weihnachtsgeschehen, sodass ihre Gedanken zum Nachsinnen im Monat Dezember einladen.

Zum Weiterlesen:

Mechthild von Magdeburg, »Ich tanze, wenn du mich führst«. Ein Höhepunkt deutscher Mystik, Freiburg im Breisgau 1988 (Herder)

1. Dezember

O Du gießender Gott in Deiner Gabe!
O Du fließender Gott in Deiner Minne!
O Du brennender Gott in Deiner Sehnsucht!

Gott!
O Weisheit aller Meister!
O Spender aller Gaben!
O Löser aller Ketten!

2. Dezember

Wo war Gott, bevor Er irgendetwas erschuf?
Er war in sich selbst, und Ihm waren alle Dinge
gegenwärtig und offenbar, so wie sie heute sind.
Wie war unser Herr und Gott damals gestaltet?
In gleicher Weise wie eine Kugel,
und alle Dinge waren in Gott ohne Verschluss
und Tür beschlossen.

3. Dezember

Frau Geduld, ich habe große Kraft
im Leiden und im Schweigen.
Ihr nehmt den Anfechtungen ihre Macht,
und dass sie mir nicht Schaden bringen,
ich will Euch zur Arbeit dingen.

Frau Hoffnung, bitte, verbindet mir
meine Herzenswunden allesamt,
die mir die Liebe hat geschlagen,
dass ich stets verbleibe in Gottes Gnaden,
was an Leid mir immer wird aufgeladen.

Liebe Frau Wachsamkeit, setzt Euch nicht,
steht mir zu allen Zeiten bei,
dann bleibe ich von Übel frei.

4. Dezember

Gott spricht:
»Wer nichts Gutes an sich hat,
kommt niemals in Mein Reich.

Wer nicht satt werden kann an vergänglichen
Dingen, der wird mit dem ewigen Hunger gesättigt.

Wehe dem, der ein irdisches Gut besitzt,
an dem sein Herz hängt.

Wer sich über andere Leute erheben will,
der wird Mir entfallen in das grundlose Tal.«

5. *Dezember*

Und Seine Gottheit wird mir nie so fremd,
dass ich sie nicht sicher und ungehemmt
mit all meinen Gliedern umarme
und deshalb nie erkühle,
was kümmert's mich denn,
was die Engel fühlen?

6. *Dezember*

Die Liebe strömt durch die Sinne
und stürmt mit allen Kräften auf die Seele ein.
Wenn die Liebe in der Seele wächst,
hebt sie sich mit großem Verlangen auf zu Gott
und zerfließend weitet sie sich für das Wunder,
das über sie hereinbricht.
Sie schmilzt durch die Seele in die Sinne.
Daher gewinnt auch der Leib seinen Teil,
so dass er durch die Liebe in allem geformt wird.

7. Dezember

Die Untreue gibt immer falschen Rat,
vollkommene Treue versäumt nie gute Tat.

Der Reichtum vergänglicher Dinge
ist ein untreuer Gast,
die heilige Armut fördert zu Gott eine kostbare Last.

Die Dummheit findet nur an sich selbst Behagen,
die Weisheit kann nie genug erfragen.

8. *Dezember*

Wahrheit ohne Falsch,
offensichtliche Liebe untereinander,
Furcht in Worten,
verborgene Liebe zu Gott im Herzen,
sichtbarer Eifer zu allen guten Dingen:
Diese fünf Dinge halten
ein geistliches Leben gesund.

9. *Dezember*

Gespräch Mechthild von Magdeburgs
mit Johannes dem Täufer:
Da bat sie, er möge ihr sagen,
wie lange sie noch leben werde.
Johannes sprach: »Ich darf es Dir nicht sagen,
denn Gott will es nicht.
Denn wäre die Zeit noch lang,
dann könntest Du wegen Deines mannigfaltigen
Kummers in die Verdrossenheit fallen.
Wäre jedoch die Zeit kurz,
dann könntest Du im Kummer Deines Herzens
den Wunsch hegen, lange zu leben.«

10. Dezember

Während einer schweren Krankheit
spricht Mechthild von Magdeburg zu Gott:
»Lieber Herr, was willst Du mit dieser Qual?«
Da sprach mein Herr:
»Alle Deine Wege sind bemessen,
alle Deine Fußspuren sind gezählt,
Dein Leben ist geheiligt,
Dein Ende wird fröhlich,
und Mein Herz ist Dir ganz nahe.«

11. Dezember

Die heilige Einfältigkeit ist eine Ärztin aller Weisheit.
Von ihr werden die Gelehrten beschworen,
dass sie sagen: Wir sind doch nur Toren.

Ist dort der reine Docht der steten Demut,
so entzündet sich ein strahlendes Licht,
das man von Weitem sieht.

12. Dezember

Wir loben Dich, Herr,
dass Du uns gesucht hast in Deiner Demut.
Wir loben Dich, Herr,
dass Du uns behalten hast in Deiner Barmherzigkeit.
Wir loben Dich, Herr,
dass Du uns geehrt hast mit Deinem Leiden
und Deiner Schmach.
Wir loben Dich, Herr,
dass Du uns erquickt hast mit Deiner Güte.
Wir loben Dich, Herr,
dass Du uns geordnet hast in Deiner Weisheit.
Wir loben Dich, Herr,
dass Du uns beschirmt hast mit Deiner Macht.
Wir loben Dich, Herr,
dass Du uns geheiligt hast durch Deinen Adel.
Wir loben Dich, Herr,
dass Du uns erleuchtet hast
in Deiner Vertraulichkeit.
Wir loben Dich, Herr,
dass Du uns erhöht hast in Deiner Liebe.

13. Dezember

Ein Gesang der Seele zu Gott:
Du leuchtest in meiner Seele
wie die Sonne auf dem Golde.
Herr, wenn ich in Dir ruhen darf,
ist meine Wonne überreich.
Du kleidest Dich mit meiner Seele
und bist auch ihr nächstes Kleid.

14. Dezember

Süße Gottesliebe, wenn ich zu lange schlafe
in der Versäumnis guter Dinge,
dann sei so gut, wecke mich und singe
mir, Herrin, Deinen Sang,
mit dem Du die Seele rührest
wie mit süßem Saitenklang.

15. Dezember

Der Fisch kann im Wasser nicht ertrinken,
der Vogel in den Lüften nicht versinken,
das Gold ist im Feuer nicht vergangen,
denn es wird dort Klarheit
und leuchtenden Glanz empfangen.
Gott hat allen Kreaturen das gegeben,
dass sie ihrer Natur gemäß leben.
Wie könnte ich denn meiner Natur widerstehen?
Ich muss vor allen Dingen weg
zu Gott hingehen.

16. Dezember

Das Gebet hat große Macht,
das ein Mensch verrichtet mit seiner ganzen Kraft.
Es macht ein bitteres Herz süß,
ein trauriges Herz froh,
ein armes Herz reich,
ein törichtes Herz weise,
ein zaghaftes Herz kühn,
ein schwaches Herz stark,
ein blindes Herz sehend,
eine kalte Seele brennend.

17. Dezember

Dass man christlich an Gott glaubt
und dass man Gott heilig liebt
und dass man Jesus Christus heilig erkennt
und dass man seiner Lehre getreulich folgt
bis an des Menschen Ende, das glaube ich,
dass man an diesen vier Dingen
das ewige Leben finden kann.

Die Seele, die Braut Gottes,
hat einen Bischof, das ist der Glaube.

18. Dezember

Die Seele preist Gott

O Du brennender Berg!
O Du auserwählte Sonne!
O Du grundloser Brunnen!
O Du Klarheit ohne Maß!
O Du Weisheit ohne Grund!
O Du Barmherzigkeit ohne Hinderung!
O Stärke ohne Gegensetzung!
O Krone aller Ehren!

Gott allein ist die ewige Weisheit,
die alles im Himmel und auf Erden weiß.

19. Dezember

Schau in Dein Herz zu jeder Zeit
mit des Heiligen Geistes Wahrheit,
dann wird Dir alle Lüge herzlich leid;
denn Lüge vertreibt die göttliche Minne
und festigt im Gemüt verdeckte, falsche Sinne,
Hass und Grimme.

20. Dezember

Die wahre Gottesliebe hat sieben Zugänge:
Die fröhliche Liebe geht den Weg voran,
die fürchtende Liebe nimmt Mühsal an,
die starke Liebe kann viel tun,
die liebende Liebe nimmt keinen Ruhm,
die weise Liebe hat Erkenntnis,
die freie Liebe lebt ohne Herzeleid,
die mächtige Liebe lebt immer in Seligkeit.

21. Dezember

Wenn Du betest,
sollst Du demütig sein.
Wenn Du issest,
sollst Du genügsam sein.
Wenn Du alleine bist,
sollst Du getreu sein.
Wenn Du bei den Menschen bist,
sollst Du weise sein.
Wenn man Deine Nichtigkeit tadelt,
sollst Du geduldig sein.
Wenn Du etwas Gutes tust,
sollst Du Dich selber für armselig halten.
Wenn Du Übles tust,
sollst Du sogleich Gnade suchen.
Wenn Du traurig bist,
sollst Du große Zuversicht zu Gott haben.
Wenn Du mit den Händen arbeitest,
sollst Du sehr rasch sein;
dann kannst Du böse Gedanken vertreiben.

22. Dezember

Winteranfang

Leider muss ich mein Alter sehr schelten,
denn es ist aller leuchtenden Werke bar
und ist leider kalt an Gnaden.
Es ist auch ohnmächtig,
da es die Jugend nicht hat,
mit der es die brennende Gottesliebe ertragen kann.
Es ist ferner unleidig,
da ihm kleine Schmerzen sehr wehtun,
auf die die Jugend nicht achtet.
Doch ist das gute Alter mit Freuden geduldig
und vertraut auf Gott allein.
Da antwortete Gott:
»Deine Kindheit war eine Gefährtin
des Heiligen Geistes, Deine Jugend war eine Braut
Meiner Menschheit, Dein Alter ist jetzt
eine Ehefrau Meiner Gottheit.«

23. *Dezember*

Obgleich die Zartheit und Vertraulichkeit Gottes
ewig und in sich selbst edel sind,
so sind sie doch in der Welt
leider etwas so Fremdes.

Erwecke meine Seele vom Schlaf der Trägheit.

24. Dezember

In der Nacht, als Gottes Sohn geboren war,
wurde das Kind gesehen, das in arme Tücher
gewunden und mit Schnüren verbunden war.
Das Kind lag allein auf hartem Stroh
vor zwei Tieren.

Ich habe den allmächtigen Gott
aus dem Himmel getrieben.

25. Dezember

In einer Vision schaut Mechthild von Magdeburg
Maria im Weihnachtsgeschehen:
Da fragte ich Maria, wo Joseph wäre.
Sie sprach: »Er ist zur Stadt gelaufen,
um uns kleine Fische und einfaches Brot zu kaufen.«
Und Wasser tranken sie dazu.
Da sprach ich: »Eia, Herrin, Du solltest essen
das allerschönste Brot
und trinken den allerschönsten Wein!«
Sie antwortete: »Nein,
diese Speise wird reichen Leuten gegeben.
Wir haben sie nicht in diesem armen Leben.«

26. Dezember

Die Engel sangen Gott einen Lobgesang,
Hirten kamen, suchten und fanden
in einer fremden Krippe von Windeln umwunden
sichtbar unser wahres Lösepfand.

Soviel wir gütig, liebevoll und friedfertig sind,
gleichen wir den Engeln, die nie Arges tun.

27. Dezember

Und die Seele schaut der Engel Land,
da ist sie ohne Aufhebens bekannt.
Der Himmel wurde ihr aufgeschlossen.
Die geringeste Seele
ist die Tochter des Vaters
und die Schwester des Sohnes
und Freundin des Heiligen Geistes.

28. *Dezember*

Ich fragte Maria, was sie mit den Gaben
der Könige gemacht hätte,
da sie sich kein Opferlamm kaufte.
Sie sprach: »Die heilige, fließende Freigebigkeit
und die Barmherzigkeit mit den Notleidenden
und die Liebe zur freiwilligen Armut
haben mir den Schatz abgenommen.«

29. Dezember

Lebendiger Gott, Du sollst gegrüßt sein!
Du bist vor allen Dingen mein.
Eine endlose Freude ist es mir:
Ich kann ohne Falsch reden mit Dir.
Wenn mich meine Feinde jagen,
fliehe ich in Deine Arme zu Dir.
Dort kann ich all meine Leiden klagen,
wenn Du Dich neigen willst zu mir.
Du weißt wohl, wie Du rühren kannst
die Saiten meiner Seele.

30. *Dezember*

Willst Du Dein Herz ganz zu Gott hinkehren,
musst Du Dich neigen vor diesen drei Lehren:
Fürchte Dich vor allen Sünden,
sei bereit zu allen Tugenden
und beharrlich in allen guten Dingen;
dann kannst Du Dein Leben
zu einem guten Ende bringen.
Willst Du Dich dafür bezwingen,
kann es Dir mit Gottes Hilfe wohl gelingen.

31. Dezember

Gedenke mein, lieber Herr,
dass ich in all meinem Tun,
in all meinem Lassen,
in meinem ganzen Leben
Deinen heiligen Willen möge vollbringen
zu einem guten Ende,
Deiner heiligen Dreifaltigkeit zu Ehren,
und für alle, die mit mir sind und in Deinem Namen
Deine und meine Freunde sind.

QUELLENANGABEN ZU NEUEREN ÜBERSETZUNGEN

Hadewijch
E. Heszler, Stufen der Minne bei Hadewijch, in, P. Dinzelbacher, D. R. Bauer (Hg.), Frauenmystik im Mittelalter, Ostfildern/Stuttgart 1985

Marguerite Porète, Margareta Porète, Der Spiegel der einfachen Seelen. Wege der Frauenmystik, übersetzt von L. Gnädinger, München 1987

Gertrud die Große, Gertrud die Große, Gesandter der göttlichen Liebe, übersetzt von J. Lanczkowski, Heidelberg 1987
Lobpreis der göttlichen Gnade. Aus den Schriften der heiligen Gertrud von Helfta, übersetzt von R. Krug, Leipzig 1991

Katharina von Siena, Caterina von Siena, Meditative Gebete, übersetzt von P. H. M. Barth OP, Einsiedeln 1980
Caterina von Siena, übersetzt von L. Gnädinger, Olten und Freiburg i. Br. 1980
Katharina von Siena, Engagiert aus Glauben. Politische Briefe, übersetzt von F. Strobel, Zürich, Einsiedeln, München 1979

Klara von Assisi
Leben und Schriften der heiligen Klara von Assisi, übersetzt von E. Grau OFM, Werl 1988[6]
A. Rotzetter, Klara von Assisi. Die erste franziskanische Frau, Freiburg i. Br., Basel, Wien, 1993[3]

Hildegard von Bingen
Hildegard von Bingen, Briefwechsel, übersetzt von A. Führkotter, Salzburg 1990

Teresa von Avila, Sämtliche Schriften von Theresia von Jesu, Band 1, 3, 4, 6, übersetzt von P. Silverio de S. Teresa CD, München 1979, 1980, 1983, 1984

Teresa von Avila, Die innere Burg, übersetzt von F. Vogelsang, Zürich 1979

Mechthild von Magdeburg, Das fließende Licht der Gottheit, übersetzt von M. Schmidt, Stuttgart-Bad Cannstatt 1995